Novas parcerias entre os setores público e privado

volume 1

Central de Qualidade — FGV Management
ouvidoria@fgv.br

SÉRIE DIREITO DO ESTADO E DA REGULAÇÃO

Novas parcerias entre os setores público e privado

volume 1

Joaquim Falcão
Sérgio Guerra
Rodrigo Vianna
Rafael Almeida

Organizadores

Copyright © 2011 Joaquim Falcão, Sérgio Guerra, Rafael Almeida, Rodrigo Vianna

Direitos desta edição reservados à
EDITORA FGV
Rua Jornalista Orlando Dantas, 37
22231-010 — Rio de Janeiro, RJ — Brasil
Tels.: 0800-021-7777 — 21-3799-4427
Fax: 21-3799-4430
E-mail: editora@fgv.br — pedidoseditora@fgv.br
www.fgv.br/editora

Impresso no Brasil/*Printed in Brazil*

Todos os direitos reservados. A reprodução não autorizada desta publicação, no todo ou em parte, constitui violação do copyright (Lei nº 9.610/98).

Os conceitos emitidos neste livro são de inteira responsabilidade dos autores.

1ª edição — 2011

Preparação de originais: Sandra Maciel Frank
Editoração eletrônica: FA Editoração Eletrônica
Revisão: Fatima Caroni e Marco Antonio Corrêa
Capa: aspecto:design

Ficha catalográfica elaborada pela
Biblioteca Mario Henrique Simonsen/FGV

Novas parcerias entre os setores público e privado, v. 1 / Org Joaquim Falcão... [et al.]. — Rio de Janeiro : Editora FGV, 2011.
212 p. (Direito do Estado e da regulação (FGV Management))

Em colaboração com Sérgio Guerra, Rodrigo Vianna, Rafael Almeida.
Publicações FGV Management.
Inclui bibliografia.
ISBN: 978-85-225-0850-1

1. Parceria público-privada. 2. Contratos administrativos. 3. Concessões administrativas. I. Falcão, Joaquim, 1943- . II. Guerra, Sérgio, 1964- . III. Vianna, Rodrigo. IV. Almeida, Rafael. V. FGV Management. VI. Fundação Getulio Vargas. VII. Série.

CDD — 341.352

Nossa missão é construir uma escola de referência nacional em carreiras públicas e direito empresarial, formando lideranças capazes de pensar o Brasil a longo prazo e servindo de modelo para o ensino e a pesquisa no campo jurídico, de modo a contribuir para o desenvolvimento do país.

FGV Direito Rio

Sumário

Apresentação 11

Introdução 13

1 | O princípio da subsidiariedade e a partilha de competências entre Estado e sociedade 15
   Roteiro de estudo 15
       Estado Democrático de Direito 15
       Princípio da subsidiariedade 20
       A reforma da sociedade 29
       A reforma da administração pública 32
       Programas de modernização 37
   Questões de automonitoramento 39

2 | Contratos para gestão de rodovias 41
   Roteiro de estudo 41
       Introdução ao setor de transportes e rodovias 41

A delegação da gestão das rodovias à iniciativa privada: natureza e regime jurídico das rodovias   42
O sistema nacional de viação e a estrutura das rodovias   45
Exploração e regulação nas rodovias   46
A concessão comum e a concessão patrocinada como principais contratos que instrumentalizam a delegação da gestão de rodovias   52
A definição de serviço adequado voltado à realidade de cada rodovia   58
Os principais problemas na gestão das rodovias e o papel do controle   62
Questões de automonitoramento   84

3 | Contratos no setor de petróleo   87
Roteiro de estudo   87
Breve contextualização do tema   87
Apresentação da legislação   92
Considerações sobre a Agência Nacional do Petróleo, Gás Natural e Biocombustíveis (ANP)   93
Os contratos de concessão de petróleo e gás natural   100
O papel da Petrobras no regime de concessão   112
O pré-sal e algumas questões polêmicas   113
Questões de automonitoramento   118

4 | Contrato de concessão de energia elétrica   121
Roteiro de estudo   121
Introdução   121
Agentes do setor   128
Segmentos da cadeia elétrica   132
O contrato de concessão   139
Questões de automonitoramento   152

5 | Consórcios públicos e contratos de programa 153
   Roteiro de estudo 153
      A constitucionalidade da Lei nº 11.107/2005 153
      Sujeitos dos consórcios públicos 157
      Natureza jurídica dos consórcios públicos 160
      Personalidades jurídicas criadas pela Lei de Consórcios 162
      As licitações nos consórcios públicos 167
      Controle e fiscalização dos consórcios públicos 169
      Criação, alteração e extinção 171
      Tipos de pactos da Lei de Consórcios Públicos: contratos de programa, contratos de rateio e os convênios de cooperação 175
      O regime jurídico de consórcio público especial da Autoridade Pública Olímpica (APO): a Medida Provisória nº 489/2010 181
      Conclusões 182
   Questões de automonitoramento 183

6 | Sugestões de casos geradores 185
   O princípio da subsidiariedade e a partilha de competências entre Estado e sociedade 185
   Contratos para gestão de rodovias 186
   Contratos no setor de petróleo 186
   Contrato de concessão de energia elétrica 187
   Consórcios públicos e contratos de programa 188

Conclusão 191

Referências 193

Os organizadores 207

Os colaboradores 209

Apresentação

Aliada à credibilidade de mais de meio século de excelência no ensino de economia, administração e de outras áreas ligadas às atuações pública e privada, a Escola de Direito do Rio de Janeiro da Fundação Getulio Vargas — FGV Direito Rio — iniciou suas atividades em julho de 2002. A criação dessa nova escola é uma estratégia da FGV para oferecer ao país um novo modelo de ensino jurídico capaz de formar lideranças de destaque na advocacia e nas carreiras públicas.

A FGV Direito Rio desenvolveu um cuidadoso plano pedagógico para seu Programa de Educação Continuada, contemplando cursos de pós-graduação e de extensão. O programa surge como valorosa resposta à crise do ensino jurídico observada no Brasil nas últimas décadas, que se expressa pela incompatibilidade entre as práticas tradicionais de ensino do direito e as demandas de uma sociedade desenvolvida.

Em seu plano, a FGV Direito Rio assume o papel de formar profissionais preparados para atender às reais necessidades e expectativas da sociedade brasileira em tempos de globalização. Seus cursos reforçam o comprometimento da Escola em inserir no mercado profissionais de direito capazes de lidar com áreas interdisciplinares, dotados de uma visão ampla das questões jurídicas e com sólidas bases acadêmica e prática.

A Série Direito do Estado e da Regulação é um importante instrumento para difusão do pensamento e do tratamento dado às modernas teses e questões discutidas nas salas de aula dos cursos de MBA e de pós-graduação, focados no direito público, desenvolvidos pela FGV Direito Rio.

Desta forma, esperamos oferecer a estudantes e advogados um material de estudo que seja realmente útil em seu cotidiano profissional.

Introdução

Este primeiro volume, dedicado ao estudo das novas parcerias entre os setores público e privado, tem origem em profunda pesquisa e sistemática consolidação dos materiais de aula acerca de temas que despertam crescente interesse no meio jurídico e reclamam mais atenção dos estudiosos do direito. A intenção da Escola de Direito do Rio de Janeiro da Fundação Getulio Vargas é tratar de questões atuais sobre o tema, aliando a dogmática e a pragmática jurídicas.

A obra trata, de forma didática e clara, dos conceitos e princípios das parcerias público-privadas, analisando as questões em face das condições econômicas do desenvolvimento do país e das discussões recentes sobre o processo de reforma do Estado. Da mesma forma, ocupa-se do estudo de contratos em áreas específicas de importância econômica.

O material aqui apresentado abrangerá assuntos relevantes, como, por exemplo, o princípio da subsidiariedade e a partilha de competências entre Estado e sociedade; contratos para gestão de rodovias; contratos no setor de petróleo; contratos de concessão de energia elétrica; consórcios públicos e contratos de programa.

Em conformidade com a metodologia da FGV Direito Rio, cada capítulo conta com o estudo de *leading cases* para auxiliar na compreensão dos temas. Com ênfase em casos práticos, pretendemos oferecer uma análise dinâmica e crítica das normas vigentes e sua interpretação.

Esperamos, assim, fornecer o instrumental técnico-jurídico para os profissionais com atuação ou interesse na área, visando a fomentar a proposição de soluções criativas para problemas normalmente enfrentados.

1 | O princípio da subsidiariedade e a partilha de competências entre Estado e sociedade

Roteiro de estudo

Estado Democrático de Direito

O desenvolvimento do princípio da subsidiariedade está ligado ao papel do Estado no modelo político[1] em que se insere, o que impõe ao seu estudo a prévia análise da perspectiva histórica do perfil estatal nos tratos com a sociedade civil, em especial no campo econômico. Apesar de se servir de formas de organização bastante díspares, a coletividade sempre foi encarregada de assegurar alguns bens e serviços aos indivíduos, variando apenas quais deles seriam prestados e por quais mecanismos jurídicos (Aragão, 2007:26).

O pensamento econômico tem como gênese o declínio do Estado absolutista, que se caracterizou pela concentração

---

[1] A doutrina tende a rotular com diversos títulos as feições com que se revestiu o Estado durante a evolução da humanidade. Adotar-se-á, aqui, uma nomenclatura relativamente aceita para fins didáticos, devendo ser ressalvado que essas distinções não são absolutas em todos os ordenamentos ao longo do tempo e espaço.

dos poderes no soberano, de tal forma que todas as atividades coletivas eram realizadas em função da figura detentora de poder, com intuito de servir às necessidades da monarquia. O príncipe ou rei detinha o monopólio pessoal da tributação e da violência física (Grau, 2006:160) que lhe garantia a submissão da sociedade.

Como reação ao absolutismo, a revolução social liderada pela ascendente classe burguesa teve por fim impedir a intervenção do Estado sobre a sociedade e o indivíduo, por meio de diversas alterações ideológicas no ordenamento jurídico. O Estado liberal foi construído para proteger os interesses da classe comerciante, que não se conformava com a estrutura real patrimonialista detentora do poder.

Assim, por meio de limitações constitucionais, a classe burguesa foi capaz de definir o exercício do poder em função do indivíduo, buscando imprimir um caráter defensivo da lei. Surge, nessa época, a afirmação dos chamados "direitos fundamentais de primeira geração", que consubstanciam liberdades de diversas espécies aos administrados, que passaram a desfrutar de uma resistência *prima facie* diante do Estado.

A separação dos poderes, tal qual elaborada por Montesquieu, fixa como limite da administração pública a observância da lei, uma vez que a acumulação do poder por um segmento do Estado levaria ao abuso. Por meio do princípio da legalidade, afastava-se a arbitrariedade dos administradores, sendo positivadas diversas normas que visavam a proteger a liberdade dos cidadãos, que passaram a ocupar função de legitimação da ingerência estatal nas esferas privadas.

Nessa esteira foi construída uma concepção econômica de Estado que primava pela mínima intervenção do poder estatal sobre as atividades desenvolvidas pela sociedade, permitindo um exercício pleno da liberdade econômica pelo indivíduo. O Estado liberal, influenciado pelo pensamento de Adam Smith, pressupunha que a melhor forma de desenvolver a economia era permitir que o próprio mercado encontrasse os seus rumos, regendo-se pelas suas próprias leis, notadamente as de oferta e procura.

Ergueu-se um ponto de vista segundo o qual haveria uma divisão entre interesse público e interesse privado, consistindo o primeiro somente na garantia de liberdade e segurança do desenvolvimento do segundo. A sociedade civil foi reconhecida como figura autônoma do Estado (até então eram tidos como sinônimos), entendida como o espaço econômico e cultural não governado diretamente pelo poder público (Torres, 2001:47).

A bem da verdade, a adoção do modelo liberal não operou verdadeiro desmantelamento da concentração do poder, já que este passou a ser detido, de fato, pela burguesia. Apenas um conteúdo mínimo assistencial deveria ser garantido pelo Estado, como forma de assegurar a subsistência do mercado consumidor, mantendo a maioria trabalhadora da população à margem da liberdade, da igualdade e da fraternidade.[2]

O fator essencial para a alteração do modelo econômico liberal foi a ascensão do Estado pluriclasse, que foi marcado pela concessão de poder político aos indivíduos integrantes de todas as classes sociais, independentemente de sua renda (Aragão, 2007:37). O sufrágio universal possibilitou a realização de finalidades sociais concretas destinadas a atender a todas as camadas da sociedade por meio de uma economia social de mercado.

Em um primeiro momento desse novo Estado Democrático de Direito, a realidade mostrou que o liberalismo econômico era incapaz de resolver a questão social por suas próprias leis de mercado. A livre iniciativa não levou a uma oferta de oportunidades

---

[2] No tema, ver em Grau (2006:21-26) a oportuna crítica às máximas da revolução burguesa, que jamais vieram a se consolidar.

capaz de absorver toda a população trabalhadora, criando tanto uma camada de assalariados miseráveis quanto a dos excluídos, que sequer conseguiam a oportunidade de trabalhar.

Percebeu-se, então, que estes excluídos acabavam por prejudicar o próprio sistema, uma vez que, vivendo na miséria, estavam incapacitados de consumir e necessitados de ajuda. Tornou-se necessária uma intervenção na liberdade, a qual não mais representaria um obstáculo ao desenvolvimento, mas um fator que o facilitasse, ajudando a superar as dificuldades.

Esta conjuntura favoreceu o fortalecimento de uma nova concepção de Estado, que passaria de mero espectador das atividades da sociedade a interventor, o qual tentaria garantir o desenvolvimento e uma justa distribuição de recursos, tendo como claro objetivo o bem-estar social. Nascia o Estado social, definido por Bonavides (1980:208) como aquele que

> confere, no Estado Constitucional ou fora deste, os direitos do trabalho, da previdência, da educação, intervém na economia como distribuidor, dita o salário, manipula a moeda, regula os preços, combate o desemprego, protege os enfermos, dá ao trabalhador e ao burocrata a casa própria, controla as profissões, compra a produção, financia as exportações, concede o crédito, institui comissões de abastecimento, provê necessidades individuais, enfrenta crises econômicas, coloca na sociedade todas as classes na mais estreita dependência de seu poderio econômico, político e social, em suma, estende sua influência a quase todos os domínios que dantes pertenciam, em grande parte, à área da iniciativa individual.

A expansão das funções do Estado também se manifesta como exigência do próprio processo de produção capitalista, principalmente em função do ideal da segurança nas relações jurídicas. A partir da necessidade de estabilidade econômica para a acumulação de capital, apenas a ingerência do Estado seria capaz de suprir as insuficiências do sistema, marcado pela fragilidade da massa produtora, cujo único bem é sua força de trabalho (Grau, 2006:32-39).

Percebe-se, assim, que um dos fundamentos do modelo social é a retomada, por parte do Estado, da ordenação econômica, até então reservada ao mercado e à sociedade, os quais, para a nova filosofia política, fracassaram na gestão autônoma dessas questões. Opera-se um indiscutível desprestígio da sociedade civil, que é apreciada como entidade inabilitada para garantir um crescimento econômico seguro e a integração social.

No entanto, para realizar todas as atividades que tomava de volta da sociedade, o Estado precisou se aparelhar, adquirindo capital técnico e humano capaz de levá-lo à satisfação dos interesses que agora buscava atender. Nesse contexto o Estado passou a ser o maior empregador e consumidor de todo o sistema, adquirindo dimensões cada vez maiores, a fim de absorver as crescentes demandas da sociedade.

Essa conduta, de tentar prover todas as necessidades da sociedade por meio de suas forças, acabou por trazer para dentro do próprio Estado o produto do déficit social apresentado no fim do modelo liberal. O que era até então uma enfermidade do corpo social se converte em enfermidade permanente da instituição pública (Torres, 2001:93), que assumiu notório endividamento para fazer frente às demandas sociais.

Partindo da premissa de que deveria atender aos anseios da sociedade em sua integralidade, as prestações estatais não guardavam correlação com o que poderia ser propiciado com os recursos produzidos pelo próprio Estado. Chegou-se, assim, a um ponto em que o modelo de Estado intervencionista, em virtude do superdimensionamento da máquina estatal e do déficit do orçamento, não conseguia prestar adequadamente sequer os serviços assistenciais que sempre lhe foram inerentes, tampouco desempenhar as atividades que havia retirado da iniciativa privada.

Fortalece-se, então, a ideia de um Estado de cunho liberal, diferente daquele preconizado pelo liberalismo clássico, porquanto atento à necessidade de atender ao componente social sem a ocorrência dos problemas verificados na experiência anterior. Passados os momentos de experimentação dos extremos — liberdade plena e intervencionismo estatal agudo —, regressa a tendência de devolver à sociedade a gestão de seus interesses, como um movimento de retorno do pêndulo.

O Estado pluriclasse é marcado pelo caráter compromissório de seus ditames, o que deu ensejo a diversas complexidades na administração pública, revelando posições em sentidos contrários no que toca à intervenção ou descentralização das atividades econômicas. É nesse contexto que urge uma fundamentação principiológica para pautar a atividade estatal, que passou a ser uma realidade à procura de legitimidade. Entra em cena a subsidiariedade.

Princípio da subsidiariedade

Durante o período que compreendeu o fim do século XIX e o início do século XX, a ideia de subsidiariedade se desenvolveu no âmbito da doutrina social da Igreja Católica de forma a sustentar um novo modelo de sociedade baseado em valores cristãos, dando ênfase à valorização do ser humano e, consequentemente, buscando a realização de justiça social.

A construção do humanismo cristão veio se contrapor às concepções políticas liberais e socialistas, uma vez que observava que ambas as formas de Estado davam aos indivíduos e à coletividade tratamento que não consagrava a dignidade humana, razão maior desta construção. Não se tratava, pois, de uma tentativa da Igreja Católica de impor uma nova concepção de

Estado, mas de apontar mecanismos de construir uma sociedade mais justa.

A subsidiariedade tomou forma como conceito a partir da encíclica *Quadragesimo anno* (1931), de lavra do papa Pio XI. Nesse documento foi consagrada, como princípio, a filosofia social, segundo a qual toda tarefa que possa ser realizada pelo indivíduo ou pelas comunidades menores não lhes deve ser retirada, porque cabe à sociedade, como ente maior, auxiliar os entes menores, e não neles intervir de modo que sejam eliminados ou absorvidos.

Em 1961, o papa João XXIII publicou a encíclica *Mater et magistra*, em que se apontava a iniciativa privada como agente principal da atividade econômica, sendo necessária a presença do Estado com o fim de promover o desenvolvimento e, com isso, fazer progredir a vida social em benefício da sociedade, de forma a proteger os direitos fundamentais.

A subsidiariedade busca sua origem na expressão latina *subsidium*, que expressa ajuda ou socorro, indicando que o papel a ser realizado pelo Estado deve ser compreendido em função dos objetivos individuais de cada pessoa. Nesse passo foi concebida como um mecanismo de defesa da autonomia individual, segundo o qual deveria ser dada ao indivíduo a prioridade para buscar e satisfazer seus próprios interesses e, só depois de verificada a sua impossibilidade de obter satisfação sozinho, outra esfera superior deveria se ocupar de tal intervenção.

Percebe-se uma tendência de devolver à sociedade civil a gestão de uma gama maior de interesses coletivos, de forma que o Estado passe a se ocupar do que é realmente importante para a sociedade e esta ainda não é capaz de gerir. Portanto, apesar de uma noção corrente de que a subsidiariedade se restringiria à ideia de qualidade do que é secundário, fato é que a noção correta é a da supletividade, pela qual o ente maior suplementa ou complementa a atividade do ente menor (Baracho, 1996:25).

Essa ideia, que em tese poderia levar à conclusão de que o alvo do princípio seria apenas modelo interventor de Estado, que busca satisfazer todas as necessidades da sociedade, também denota a preocupação com o excessivo afastamento do aparelho estatal das questões sociais, já que aplicar a supletividade também seria atribuir aos organismos superiores da sociedade a responsabilidade de atingir os interesses que os sujeitos inferiores não conseguiram por si mesmos.

A relação de pertinência entre a ideia de subsidiariedade e a ordem econômico-constitucional, em uma perspectiva estatal,[3] advém do reconhecimento da oscilação da intervenção do Estado na prestação de serviços e no exercício direto de atividade econômica. O princípio de procedência religiosa passa a servir de fundamento para estabelecer um meio-termo entre dois períodos marcantes da evolução do Estado: como visto, o reducionismo e o intervencionismo.

Ambos os modelos foram concebidos com base em fundamentos filosóficos e científicos que buscavam uma política pública que lograsse alcançar o interesse coletivo. A subsidiariedade se apresenta como um novo marco principiológico, segundo o qual a intervenção estatal recua ou avança conforme as circunstâncias e interesses sociais que prevalecerem em determinado momento histórico.

A aplicação da subsidiariedade consiste na identificação de níveis escalonados de ação, uma vez que existem na sociedade grupamentos de proporções diversas, cada qual responsável pela execução de tarefas, com vários graus de complexidade. O indivíduo não é capaz de atender a todas as suas necessidades para uma existência digna, razão pela qual a ele se sobrepõem

---

[3] Quanto à aplicação da subsidiariedade no plano institucional ou político-jurídico, ver Baracho (1996:43-52) e Torres (2008).

famílias, comunidades, Estados, organizações internacionais e blocos econômicos.[4]

É preciso compreender a sociedade como uma sucessão de níveis de organização, partindo do indivíduo como célula básica, passando pela família como sua primitiva forma de associação e por todas as demais formas de associação da sociedade civil, das mais simples e restritas às mais amplas e complexas, até que se alcance a esfera estatal, que detém a competência para buscar a satisfação dos interesses mais gerais.

Esses diversos sujeitos são os destinatários da subsidiariedade, a qual se propõe a resguardar as comunidades menores e indivíduos, a fim de que as comunidades maiores não subtraiam competências que possam ser desempenhadas pelos entes menores. Por outro lado, cabe ao ente maior assumir a atividade quando constatar que existe dificuldade de o ente mentor realizar a tarefa.

---

[4] Tanto é verdade que o Tratado da União Europeia possui uma referência direta ao princípio da subsidiariedade já em seu preâmbulo: "RESOLVIDOS a continuar o processo de criação de uma união cada vez mais estreita entre os povos da Europa, em que as decisões sejam tomadas ao nível mais *próximo possível dos cidadãos, de acordo com o princípio da subsidiariedade*" [grifos nossos].
No mesmo diploma, tal princípio encontra previsão no art. 3º B, §2º: "A Comunidade actua nos limites das atribuições que lhe são conferidas e dos objectivos que lhe são cometidos pelo presente Tratado. Nos domínios que não sejam das suas atribuições exclusivas, a Comunidade intervém apenas, *de acordo com o princípio da subsidiariedade*, se e na medida em que os objectivos da acção prevista não possam ser suficientemente realizados pelos Estados-membros, e possam pois, devido à dimensão ou aos efeitos da acção prevista, ser melhor alcançados ao nível comunitário. A acção da Comunidade não deve exceder o necessário para atingir os objectivos do presente Tratado" [grifos nossos]. Disponível em: <http://eur-lex.europa.eu/LexUriServ/LexUriServ.do?uri=OJ:C:2006:321E:0001:0331:PT:pdf>. Acesso em: 28 jul. 2010.
Do mesmo modo, tal princípio encontra-se presente na Carta de Direitos Fundamentais da União Europeia, de 7 de dezembro de 2000: "Artigo 51º. Âmbito de aplicação. 1. As disposições da presente Carta têm por destinatários as instituições e órgãos da União, *na observância do princípio da subsidiariedade*, bem como os Estados-Membros, apenas quando apliquem o direito da União. Assim sendo, devem respeitar os direitos, observar os princípios e promover a sua aplicação, de acordo com as respectivas competências" [grifos nossos]. Disponível em: <www.europarl.europa.eu/charter/pdf/text_pt.pdf>. Acesso em: 28 jul. 2010.

Isso significa que as atividades sociais devem ser desempenhadas, sempre que possível, pelos entes menores, naquilo que possam fazer de modo mais eficiente. O ente maior pode assumir a execução da atividade apenas se alguma insuficiência pelos grupamentos menores se revelar, para que não haja prejuízo à coletividade. Mas trata-se de uma situação excepcional, que deve ser revertida assim que o Estado lograr prover, aos indivíduos, as condições necessárias para atingir suas próprias finalidades.

A subsidiariedade se apresenta, portanto, em caráter dúplice. Sob um aspecto negativo, o Estado se obriga à não ingerência nas tarefas que melhor podem ser realizadas pelas unidades menores — indivíduos e pequenas comunidades. Já por um aspecto positivo, o ente maior, ao identificar uma insuficiência de um ente menor no desempenho de alguma atividade, se obriga a fornecer os meios, incentivo e suporte à execução da tarefa a contento. Apenas subsidiariamente a atividade deve ser assumida pelo ente maior.

Não obstante, o direito de realizar seus próprios interesses também consistiria em comprometimento do indivíduo e da sociedade civil. Se, embora legitimados e capazes de realizar determinada tarefa que atenda às suas necessidades, não o fizerem, estarão violando o princípio da subsidiariedade, já que o desempenho daquela atividade não deveria ser assumido pelo Estado.

O emprego da subsidiariedade se torna instrumento que possibilita definir como a descentralização deve ser promovida no desempenho de tarefas entre as camadas de sujeitos implicados. Nem sempre significará uma decisão em favor da descentralização e da realização de atribuições pelo ente menor, sendo necessária a análise do caso concreto e dos melhores interesses da coletividade.

Em decorrência desse aspecto fático, deve ser discutida a constitucionalização da subsidiariedade, *i.e.*, se o princípio deve fazer parte ou não do conteúdo da Carta Magna. Há autores que defendem que a positivação de norma nesse sentido poderia consistir em óbice às opções democráticas que se manifestam nas decisões políticas. As práticas do liberalismo e do intervencionismo não poderiam ser, nesse raciocínio, suprimidas.

No entanto, esclarece Baracho (1996:86) que a subsidiariedade não pode ser aplicada diretamente, mas serve como guia para a apreciação por agentes políticos e sociais, evitando o excesso das ingerências e as lacunas da não ingerência. A característica essencial do princípio é sua flexibilidade, pela qual ele implica a efetivação do equilíbrio em quaisquer circunstâncias.

Dessa feita, não procederia qualquer argumento no sentido da impropriedade da subsidiariedade como princípio constitucional, que expressa diversos valores contemplados na Carta Magna, mas que não são absolutos. Além de o próprio comando abrir espaço para uma análise no caso concreto da vantagem da intervenção direta do Estado em atividade que pode ser prestada pelo particular, sua natureza principiológica permite que a subsidiariedade seja ponderada com outros valores, não inviabilizando a liberdade política.

Em vez de estender a decisão política da intervenção do Estado na economia aos detentores do poder, a subsidiariedade se apresenta como um princípio de conteúdo axiológico a fundamentar as atividades estatais. Vejamos em que consistem esses valores.

Fundamentos do princípio da subsidiariedade

Pelo que foi afirmado, é possível verificar que a subsidiariedade se baseia em conceitos de liberalismo moderado e justiça social. A fim de garantir sua melhor compreensão, serão expostos os quatro valores fundamentais do princípio, a saber:

o bem comum, a dignidade da pessoa humana, o pluralismo social e a solidariedade.

O papa Pio XII, em sua radiomensagem de Natal de 1942, definiu o bem comum como "o conjunto de condições exteriores que são necessárias aos homens para o alcance em comum de seus fins lícitos e para o desenvolvimento da sua personalidade". Trata-se, pois, de criar um ambiente propício ao desenvolvimento das atividades vitais do ser humano, fundamento genérico da intervenção estatal, uma vez que consiste no objetivo de qualquer sociedade, e, consequentemente, também do Estado.

Por constituir a própria finalidade do Estado, a realização do bem comum não deve deixar de ser buscada por ele, que, apesar de impedido de intervir de forma injusta pelo princípio da subsidiariedade, mantém o dever de propiciar os meios que facilitem a sua obtenção pelo indivíduo ou pela sociedade. Assim, verifica-se que o bem comum não é tarefa exclusiva do Estado, devendo cada indivíduo e suas inúmeras formas de organização social ceder suas parcelas de colaboração, porque só assim poderá ser alcançado o bem maior, que é a finalidade precípua da sua união sob forma de sociedade.

É justamente este compromisso geral de buscar o bem comum que ajudará na definição de quais atividades deverão ser atribuídas a cada nível da sociedade. O bem comum é algo de que todos participam e se beneficiam, cada qual à sua medida. É especificamente esta divisão justa de direitos e obrigações que confere justiça à relação entre os grupos e concretiza o bem comum.

Desnecessário lembrar que o conteúdo do bem comum, ou seja, as ditas circunstâncias que permitem aos indivíduos e à sociedade desenvolver as suas atividades vitais, é variável no tempo e no espaço, tendo cada um dos atores a responsabilidade permanente de colaborar com a constante revisão dos padrões que permitirão o julgamento das políticas públicas quanto ao alcance do bem comum.

O bem comum se alcança por meio da ajuda com que o indivíduo e suas comunidades realizam de forma eficiente suas finalidades, enquanto a subsidiariedade é a medida do que poderá ser desempenhado por um indivíduo ou grupo por meio de suas próprias forças. Logo, somente por meio da promoção do bem comum será possível identificar a correta dimensão e aplicação da subsidiariedade.

Por outro lado, a satisfação da dignidade da pessoa humana é a finalidade última da subsidiariedade, uma vez que, ao sustentar que é injusto subtrair do indivíduo a possibilidade de atingir suas finalidades básicas por seus próprios esforços, afirma que usufruir deste direito é indissociável da natureza humana, na medida em que garante a dignidade da pessoa enquanto membro da sociedade.

Especificamente quanto ao valor da dignidade da pessoa humana no ordenamento jurídico, não é demais lembrar que este foi consagrado como fundamento absoluto da ordem constitucional, como expresso no art. 1º, III, da Constituição em vigor (CF/88). Daí se reforça a importância do princípio da subsidiariedade, uma vez que, reconhecido como guardião da dignidade da pessoa humana, é erigido, ele também, a um rol de princípios de maior relevância.

Além disso, para a aplicação do princípio da subsidiariedade, o Estado deve passar por um exercício de reconhecimento do pluralismo social, ou seja, é preciso reconhecer que entre o indivíduo e o Estado existe um complexo de organizações sociais as quais possuem, cada qual, suas atribuições e direitos. Passada a etapa do reconhecimento, deverá o Estado propiciar as condições para que estes grupos sociais possam arcar com suas responsabilidades e desempenhá-las de forma eficiente.

Assim, a atuação estatal deve se dirigir tanto aos mais simples grupos, como a família, quanto aos mais complexos, tais como associações de âmbito nacional, porque é a eficiência no desempenho das atividades destes grupos sociais que contribuirá diretamente na construção da personalidade de cada um dos membros que vierem a integrá-los. Ao mesmo tempo que o homem é o fundamento de toda sociedade, ele faz parte de uma estrutura complexa de costumes e hábitos, que contribui para a construção do bem comum.

O pluralismo teve seu maior impulso com a revolução das comunicações, fenômeno ainda atual, que tem permitido a aproximação entre os interesses pessoais de um número cada vez maior de indivíduos, os quais passam a se congregar no entorno de interesses comuns, que, por sua grande diversidade, geram a "pluralidade de interesses". Em consequência, constata-se que a melhor forma de atendê-los é por meio da subsidiariedade, dando a cada grupo as condições de atender, por si mesmos, às próprias necessidades.

Por fim, apresenta-se a solidariedade como o último pilar sobre o qual se baseia a subsidiariedade, uma vez que, numa sociedade justa como quer a doutrina cristã, não basta que cada um obtenha o que lhe interessa individualmente; é preciso que se busque uma satisfação geral.

A solidariedade, vista como preocupação do homem com o próximo, é um dos princípios éticos que mais ganhou força na esteira da valorização da dignidade da pessoa humana. Não se coaduna com este princípio a visão individualista de apenas buscar o melhor para si, já que a dignidade humana não se concretiza apenas na esfera pessoal, mas, principalmente, na esfera coletiva.

A subsidiariedade pressupõe e depende de uma preocupação com o bem comum, uma vez que a frustração dos grupos sociais mais básicos na satisfação dos seus interesses influenciará toda a estrutura superior. Por esta dinâmica os grupos estarão sempre ocupados com tarefas realizáveis por grupos inferiores, o que certamente reduzirá a eficiência com que desempenharão suas próprias tarefas.

Por outro lado, se a solidariedade permear as atividades e relações desde a esfera individual, materializando-se na forma de preocupação em alcançar seus objetivos e propiciar condições para que os outros também o façam, cada indivíduo e grupo poderão ocupar-se com suas próprias tarefas, passando a desempenhá-las de forma mais eficiente.

A reforma da sociedade

De acordo com todo o exposto, percebe-se que a implementação do princípio da subsidiariedade leva a uma crescente transferência de responsabilidades e atribuições do Estado para a sociedade, a qual, para que possa realizá-las de forma eficaz, precisará estar preparada, despida dos vestígios de ostracismo construídos no período de retração em função da intensa intervenção estatal.

A sociedade deve abandonar de vez a ideia de dominação da autoridade política, procurando se integrar cada vez mais nos processos decisórios que determinarão as políticas públicas que serão implementadas. A sociedade retira do Estado o monopólio da determinação do interesse público, que passará a representar de forma mais direta o interesse da coletividade, haja vista a maior participação dos indivíduos nas decisões.

Verifica-se, portanto, que a reforma do Estado depende de uma transformação eficaz da sociedade, que, além de interessada, deve se mostrar apta a realizar as atividades que lhe transferirá o Estado, o qual não se desincumbirá de dar o suporte necessário para tal finalidade. Dessa forma, deve ser analisado o papel dos indivíduos e das comunidades menores nesse novo panorama regido pela subsidiariedade.

Em primeiro lugar, o Estado deve colaborar com o desenvolvimento dos ditos grupos intermédios — organizações de cunho social que se interpõem entre ele e o indivíduo, compondo um terceiro setor. Essas entidades, criadas sob o manto do exercício da livre-iniciativa e do direito de propriedade, permitem uma abstenção estatal mesmo que o indivíduo não possa cumprir pessoalmente seus fins, ocupando o que seria um papel de comunidade menor dentre os sujeitos da subsidiariedade.

O terceiro setor compõe-se pelo conjunto de atividades dinamizadas pelo fomento estatal no sentido de estímulo conferido à iniciativa privada, a saber, os serviços sociais autônomos, as organizações da sociedade civil de interesse público (Oscips), as entidades de apoio e as entidades de utilidade pública definidas na Lei nº 91, de 28 de agosto de 1935. A intervenção direta estatal é substituída por um direcionamento da atuação do particular, para que os cidadãos, coletivamente, tratem de seus interesses, cumprindo os fundamentos da subsidiariedade (Araújo, 2005:280-281).

A constituição das entidades intermediárias deve ser revista em face do enorme volume de normas existentes no ordenamento jurídico, que acabam por dificultar e limitar o exercício das mais básicas liberdades garantidas, tais como as ditas *livre-iniciativa* e *propriedade*. A solução apontada é a desregulamentação, que consiste na redução das regras formalmente postas, com o intuito de permitir o fortalecimento dos processos democráticos e a negociação da tomada de decisões.

Outra forma de facilitar o desenvolvimento dos entes intermediários é a diminuição do impacto tributário na realidade econômica da sociedade. Não há dúvida de que o aspecto financeiro é determinante para que cada indivíduo e suas formas de associação tracem seus planos de atividades, os quais certamente serão mais modestos na medida em que os encargos tributários que forem obrigados a sustentar sejam maiores.

A principal prestação positiva a instigar os entes intermediários é a utilização de incentivos fiscais nos setores em que o poder público verifica sua ineficácia, aliada à indicação de que a iniciativa privada possa atuar com eficiência. Vale a ressalva, no entanto, de que a utilização desse instrumento de fomento deve ser precedida de criterioso juízo de razoabilidade e excepcionalidade, a fim de evitar a criação de dependência dos setores incentivados em relação ao Estado, o que revelaria um aspecto patrimonialista, em vez de solidário, do Estado subsidiário.

O indivíduo, por sua vez, consciente de seu papel como protagonista de seu destino, é conduzido a tomar parte diretamente no processo decisório estatal, em razão de um movimento que busca legitimar democraticamente a atuação do Estado por meio da participação do administrado. A partir da premissa de que as pessoas devem ter o direito de defender seus próprios interesses, deve lhes ser garantida atuação efetiva nas gestões e nos processos administrativos.

Não são mais suficientes os antigos meios de participação da democracia representativa, já que a administração pública contemporânea vivencia uma multiplicação dos centros de decisão dentro de sua estrutura, centros estes que não podem ser controlados pelo cidadão pela simples eleição do chefe de governo (Baptista, 2003:125). Ocorre uma verdadeira crise de legitimidade das instituições públicas, o que só pode ser sanado com o desenvolvimento da participação administrativa.

Na conclusão de Moreira Neto (2006:321), "atende-se ao princípio da subsidiariedade toda vez que a decisão do poder público venha a ser tomada da forma mais próxima possível dos cidadãos a que se destinem". Portanto, a estreita relação entre a participação e a subsidiariedade demanda a criação de novas modalidades de cooperação entre Estado e sociedade, que passam a ser analisadas dentro de uma nova estrutura da administração pública.

A reforma da administração pública

A transformação da administração pública pelo Estado subsidiário decorre da ascensão da participação do particular no compartilhamento do interesse público, que implicou uma relação de cooperação dentro da esfera administrativa. Passa a ter prevalência a ideia de consenso, que está atrelada à superioridade da composição sobre a imposição nas relações de poder entre a sociedade e o Estado (Moreira Neto, 2006:318).

A consensualidade confere maior legitimidade à autoridade que nela busca seu fundamento, já que aumenta a transparência da atividade, colaborando para a construção de um novo paradigma da administração pública. O novo referencial adotado é o da administração de resultados (Moreira Neto, 2007:190), como forma de aprimorar a governabilidade por meio da busca das legítimas demandas dos administrados, submetidas a um controle finalístico.

A *administração por resultados* é assim delineada por Moreira Neto (2008:133):

> O que até aqui se depreende das considerações apresentadas é que a Constituição de 1988, com louvável antecipação, já estabelece todo o fundamento necessário para a afirmação e aplicação em nosso país da doutrina da, assim denominada, administração de resultado, ou seja: confere uma base institucional da legalidade finalística ou, melhor e mais amplamente, para empregar a denominação já difundida na literatura jurídica, por envolver também a legitimidade: uma base institucional da juridicidade finalística, no direito público brasileiro. Na realidade, essa promissora doutrina se vem consolidando dentro de uma nova concepção das próprias relações entre os cidadãos e a administração pública, como especificamente voltada à afirmação de seu dever funcional de proporcionar resultados concretos e

materializados em uma boa e justa atribuição de bens e serviços às pessoas, como um proprium da função administrativa.

Além disso, na medida em que permite a superação dos confiltos, o consenso proporciona maior estabilidade nas relações administrativas, aumentando o grau de segurança jurídica das partes envolvidas (Baptista, 2003:267). Os comandos tornam-se mais facilmente aceitos se não forem aplicados de modo coercitivo, reformulando o papel democrático do indivíduo como o de "escolha de como quer ser governado" (Moreira Neto, 2007:41).

O consenso implica uma alteração em diversos setores da administração pública, seja na tomada de decisão administrativa, como em audiências públicas, plebiscitos e referendos; na execução administrativa, o que ocorre em contratos de parceria e acordos de coordenação; ou na prevenção e composição de conflitos administrativos, que é o caso de comissões de conflito e do uso da arbitragem.[5]

Sob outro aspecto, o fenômeno do pluralismo social como destinatário final da atividade do Estado é responsável pela afirmação da eficiência como novo princípio informativo da administração pública. Devido principalmente à revolução das comunicações, que promove o encurtamento das distâncias entre os diversos cantos do mundo, a globalização permitiu a criação de um padrão mais amplo de qualidade dos serviços ao encargo do Estado.

A administração pública gerencial, alçada à sede constitucional no art. 37, §3º, da CFRB através da Emenda Constitucional nº 19, é orientada pelo interesse dos cidadãos e pela obtenção de melhores resultados. Portanto, a eficiência do setor

---

[5] Para uma análise detida de todas essas espécies de administração consensual, ver Moreira Neto (2006:337-347).

público passa a ser um direito difuso da cidadania, exigindo um cumprimento de metas de desempenho baseadas em parâmetros objetivos, que devem ser delineados pelo legislador.

Para atingir os padrões de eficiência pretendidos nos serviços que lhe são atribuídos, o poder público deve rever suas funções e devolver à iniciativa privada determinadas atividades que lhe foram retiradas pelo Estado social. A intervenção estatal deve ser restringida às áreas onde as características e limites dos próprios indivíduos e suas formas de associação indicarem a impossibilidade da promoção do interesse público, enquanto perdurar essa impossibilidade.

Deve ser ressaltado, com fulcro na lição de Moreira Neto (2007:123, grifos do autor), que

> o debate sobre o Estado não se situa tanto, como se possa pensar, sobre seu *tamanho*, embora seja também um tema relevante, mas principalmente, sobre sua *competência*, vale dizer, quanto às *funções* que deve desempenhar para se afirmar como um *Estado Instrumental* e *Competitivo*, apropriado para sociedades abertas.

O recuo da intervenção estatal e a devolução à sociedade de um papel ativo na condução dos interesses públicos demandaram o desenvolvimento de novas formas de concretização das relações administrativas. Os modelos autoritários do ente público, centrados no ato administrativo, devem ser substituídos por mecanismos capazes de estabelecer um contato direto com o particular.

Nesse sentido, sob a premissa da subsidiariedade quanto à colaboração entre o setor público e o privado, o Estado não monopoliza o interesse público, mas o dirige. Na medida em que uma atividade qualquer alcança, por sua transcendência, uma intensa relevância social e econômica, registra-se a presença do poder público, seja para ajudar (fomento), seja para sub-rogar-se (prestação direta subsidiária), ou, ainda, para controlar (polícia) (Torres, 2001:181).

Entre as funções administrativas, aquela em que mais se destaca o princípio da subsidiariedade é o fomento público, que instiga e subsidia as atuações privadas que satisfazem interesses públicos.[6] O Estado adota uma postura persuasiva e dirigente do desenvolvimento da sociedade, por meio de uma administração consensual e eficiente, sem o uso de instrumentos coativos.

Já no campo das atividades assumidas pelo Estado, a tendência atual é no sentido da transferência dos serviços públicos para entes da sociedade, o que ocorre por meio da privatização (alienação do controle acionário de empresa estatal), da concessão e permissão[7] (contratos administrativos que delegam a particular o serviço público) e da terceirização (transferência de atividades materiais que não exijam o uso da força).

Por outro lado, o aspecto estrutural da função administrativa também merece revisão. A administração pública contemporânea deve desvincular-se da irregularidade com que se deu a criação das pessoas jurídicas de direito público durante o período de intervencionismo na economia, o que nos obriga a retornar brevemente a um escorço histórico.

Durante o século XIX, a estabilidade econômica favorecia a aplicação de recursos da iniciativa privada em setores que envolviam grandes investimentos, e nos quais o Estado não tinha capital suficiente para aplicar. Assim, mantinha o Estado sua estrutura voltada às atividades consideradas típicas, e, para permitir a expansão ou a criação de infraestrutura, recorria ao instituto da concessão.

---

[6] No mesmo sentido, ver Gonçalves (2003:115).
[7] O instituto da permissão foi contratualizado pelo art. 175, I, da CF/88 e pela Lei nº 8.987/1995, substituindo-lhe a clássica natureza de ato administrativo precário.

A instabilidade do pós-guerra, todavia, acabou por obrigar o Estado a assumir os prejuízos dos concessionários, tornando a relação contratual desvantajosa. Como consequência, a execução de atividades de natureza industrial e comercial passou a ser viabilizada por entidades públicas munidas de instrumental inspirado no direito privado: as empresas estatais.

O processo foi-se estendendo até que o aparato estatal restou hipertrofiado pela assunção de inúmeras funções que poderiam ser facilmente estendidas à iniciativa particular. A gradual erosão do Estado social deixou como marca na administração pública um enorme aparelho burocrático a ser desestatizado, uma vez que o Estado subsidiário deve valorizar a iniciativa própria do particular, que deve ser cogitado como prestador direto do serviço antes do poder público.

O aspecto do crescimento do intervencionismo que ora se pretende abordar é o modo com o qual a assunção das atividades de interesse coletivo deu ensejo a um grande número de autarquias e empresas estatais criadas sem respeito à vocação de cada uma dessas pessoas jurídicas. A preocupação com a necessidade social de intervenção na esfera privada acarretou a criação de entes administrativos sem a correta adequação da natureza de cada um à atividade prestada, o que não pode subsistir.

Nesse sentido, a reforma do Estado deve atender a uma subsidiariedade interna ao corpo administrativo para que a escolha administrativa na criação de entidades públicas entre as espécies contempladas pelo ordenamento permita a maior participação possível dos administrados. Não sendo possível o cumprimento da atividade por conta da iniciativa privada, as formas de personalização administrativa deverão levar em conta a atividade prestada, sempre com base no interesse do particular.

Em apertada síntese, podem ser estabelecidas as seguintes premissas:

- a criação de autarquias deve ser restrita às atividades que requeiram o uso de autoridade estatal, com vistas à imposição de limites ao exercício da liberdade privada;
- a criação de empresas estatais deve ser baseada em relevante interesse coletivo ou imperativo de segurança nacional (art. 173 da CFRB);
- a opção pela empresa pública, que possui capital fechado à iniciativa privada, deve ser limitada às atividades sem finalidade lucrativa.

Impõe-se um controle da criação de entidades que objetivem atender aos interesses públicos confiados ao Estado, motivo pelo qual é preciso priorizar sempre a participação da sociedade civil, o que deve ser cumprido por uma motivação adequada e suficiente. O que se propõe é que a sede para a definição da função social de cada entidade criada seja o Plano de Desenvolvimento Econômico, como previsto no art. 174 da CF/88 (Souto, 2005a:1-11).

Como conclusão desse cenário de transformações do Estado e da sociedade, cabe expor que todas as novas tendências ora anotadas estão permeadas pelos ideais da subsidiariedade, que, enquanto princípio filosófico de origem na doutrina social da Igreja Católica, assegura a racionalidade da escolha pública e da alocação de serviços públicos (Torres, 2001:105).

Programas de modernização

Um último ponto relevante que tangencia a partilha de competências entre Estado e sociedade diz respeito à participação do setor privado na cooperação técnica de modernização do poder público para atender às expectativas da coletividade. Com a valorização do papel exercido pelo indivíduo, questiona-se acerca da possibilidade de a sociedade civil apresentar proposta de aprimoramento do funcionamento das instituições públicas e das ações estatais.[8]

O principal fundamento dessa parceria do mercado com o Estado reside no direito ao desenvolvimento, tal qual garantido como objetivo fundamental da República no art. 3º da Carta Magna. Se a administração pública se incumbiu de suprir necessidades dos indivíduos, nada mais natural que a iniciativa privada, almejando a realização do bem comum, participe diretamente da gerência desse processo, ainda que ela mesma seja incapaz de realizar a atividade por suas próprias forças.

O Estado empresário não subsistiu ao advento do pluralismo social, sendo substituído, como visto, pelo Estado democrático de direito, que se sustenta por fundamentos de legitimidade, como a participação política nas decisões administrativas. O povo detém a titularidade do poder político, possuindo o direito de exercê-lo diretamente, de modo que a atividade legitimada pelo consenso oferece um reforço da supremacia da decisão compartilhada pela sociedade interessada.

Além disso, a administração pública é regida pelo princípio da eficiência. É responsabilidade estatal primária a promoção do desenvolvimento dos indivíduos, de forma que é necessário que a autoridade pública invista em si mesma para o cumprimento dessa função, ainda que seja pelo apoio do particular. Portanto, os mesmos argumentos que permitem o repasse de algumas atividades centralizadas pelo Estado ao setor privado também são capazes de permitir os programas de modernização de iniciativa particular.

Segundo Souto (2005a:276-279), o instrumento hábil para conceber essa participação é o "termo de patrocínio ou

---

[8] Exemplo desse tipo de cooperação está contemplado na Lei nº 10.973/1994, que previu a possibilidade do desenvolvimento, por empresas privadas, de projetos de atividades de pesquisa e desenvolvimento no setor de inovação tecnológica.

cooperação técnica", acordo que se distingue dos contratos e convênios administrativos, no qual o poder público não desenvolve esforços nem assume obrigações, mas apenas se dispõe a apoiar a iniciativa da sociedade e do mercado, sem assumir o compromisso de despender qualquer recurso público.

Desse modo, não haveria necessidade de observância do procedimento licitatório, por não se tratar de busca, pelo poder público, de meios para desenvolver suas ações, mas de oferecimento de auxílio pelo setor privado. Ainda que se considerasse essa relação como um contrato administrativo, a licitação poderia ser dispensada com base no art. 24, XIII, da Lei nº 8.666/1993, por conta da discricionariedade do administrador, por se tratar efetivamente de desenvolvimento institucional da administração pública (Souto, 2005a:281-285).

Por derradeiro, deve ser afirmado que a celebração de pactos de auxílio à gestão pública pela iniciativa privada não pode ser considerada uma afronta à imparcialidade administrativa. A imoralidade não se presume, sendo legítimo o interesse em patrocinar ou participar de ações que busquem a eficiência do poder público, instrumento inafastável do direito ao desenvolvimento (Souto, 2005a:293).

Questões de automonitoramento

1. Após ler o material, você é capaz de resumir o caso gerador do capítulo 6, identificando as partes envolvidas, os problemas atinentes e as soluções cabíveis?
2. Situe a subsidiariedade como fundamento para a redução do papel do Estado na sua evolução político-econômica.
3. É correto afirmar que o princípio da subsidiariedade se dirige apenas a corrigir as distorções do Estado excessivamente interventor? Qual a relação entre esse princípio e o da consensualidade?

4. Enumere as alterações que o princípio da subsidiariedade implica nas reformas da sociedade e da administração pública.
5. Pense e descreva, mentalmente, outras alternativas para solução do caso gerador do capítulo 6.

2

Contratos para gestão de rodovias

Roteiro de estudo

Introdução ao setor de transportes e rodovias

O Brasil é um país de dimensões continentais e que se utiliza, para integração de suas regiões, de diversos modais de transporte. Desde a época colonial, em que sesmarias eram doadas contendo cláusula que obrigava os donatários a construir estradas dentro dos limites de suas propriedades, nosso país tem nas rodovias a sua principal forma de transporte, sendo a malha rodoviária brasileira a segunda maior do mundo, com mais de 1,7 milhão de quilômetros — apesar de apenas 8% asfaltados (Garcia, 2004:1). Durante o século XIX as ferrovias e a navegação fluvial surgiram como possível solução para a dependência do modal rodoviário, mas foram praticamente abandonadas pela escassez de recursos para sua implementação.

A opção pelo sistema rodoviário também prevaleceu dentro dos perímetros urbanos, com a adoção do transporte de massa por ônibus.

Com o inchaço de alguns centros urbanos, ficou evidenciada a crise da matriz rodoviária e sua incapacidade para suprir as demandas de transporte daqueles locais. E daí parte-se para um ciclo vicioso: com a ineficiência do sistema rodoviário, a população acaba por lançar mão de seus próprios automóveis. Ainda, devido à mesma ineficiência do transporte rodoviário de passageiros por ônibus, surgiu, nos últimos anos, nova modalidade — a do transporte alternativo de passageiros, representado pelas vans, que, junto com a frota já existente de automóveis e ônibus, acaba por criar um verdadeiro caos nas vias urbanas. Assim sendo, mostra-se vital o papel dos demais modais de transporte urbano: ferroviário, metroviário e aquaviário.

A delegação da gestão das rodovias à iniciativa privada: natureza e regime jurídico das rodovias

A delegação da gestão de rodovias à iniciativa privada está relacionada — como aconteceu em diversos setores da economia nos quais se pôde experimentar a retirada do Estado como ator direto — à ineficiência estatal em atuar como ator/provedor universal e à incapacidade de, nesses termos, prover os investimentos necessários aos diversos campos sob sua tutela.

No setor rodoviário, tais componentes podem ser traduzidos, principalmente, na combinação entre a degradação da malha rodoviária nacional e a insuficiência de recursos estatais para fazer frente aos investimentos necessários ao bom funcionamento dos equipamentos urbanos do setor.

Tais fatores foram decisivos na mudança de postura estatal, que passou a buscar mecanismos de atração de investimentos privados para suprir as necessidades existentes.

É nesse contexto que ascendem institutos como a concessão, a permissão e autorização, passando o Estado a assumir uma função mais reguladora e menos executora, reconhecendo-se que a iniciativa privada pode ser mais eficiente na prestação direta destes cometimentos estatais.[9]

O que se passou no campo rodoviário não foi diferente: optou-se pela modelagem intermediada por contratos de concessão, sede adequada à partilha de riscos entre concedente e concessionário, por meio da qual os investimentos no serviço — na maioria das vezes precedidos de obra pública — são feitos diretamente pelo parceiro privado, ao passo que a remuneração deste, de forma a ressarci-lo e assegurar-lhe o justo lucro pela exploração da atividade, é, em regra, feita por meio de tarifas cobradas dos usuários.

Observe-se, no entanto, que nem todas as rodovias comportam regime de exploração mediante concessão comum.[10] Para tanto, é preciso um volume de tráfego compatível com o vulto dos investimentos e o justo lucro do concessionário.

Para as hipóteses em que não se tem tal fluxo mínimo de veículos de modo a tornar o investimento privado economicamente viável, o Estado pode se valer dos tipos de concessão trazidos pela Lei nº 11.079/2004, que serão vistos em item próprio adiante, ou mesmo proceder a uma atuação direta em tais casos.

---

[9] Diogo de Figueiredo Moreira Neto registra: "Afinal, passava-se a reconhecer, depois de um longo período hegemônico do pesado Estado-Providência, que a *iniciativa privada apresenta maior capacidade de imprimir um alto grau de eficiência e economia às suas atividades*, dispensando — e isto é que é mais importante — o Poder Público, de *preocupações secundárias*, de modo a liberá-lo para concentrar-se em suas atividades primárias, na solução de problemas de maior premência e envergadura, como são hoje os da segurança, da educação, e da saúde e, em escala crescente, no desenvolvimento do fomento público. *Ressurge*, assim, *o instituto de concessão* [...]" (Moreira Neto, 2009:486, grifos nossos).

[10] Atualmente, as concessões previstas nas leis nºs 8.987/1995 e 9.074/1995 passaram a ser denominadas "concessões comuns", diferenciando-se das duas novas formas de concessão criadas pela Lei nº 11.079/2004 (Lei das Parcerias Público-Privadas — PPPs), a saber: concessão patrocinada (art. 2º, §1º, da Lei nº 11.079/2004) e concessão administrativa (art. 2º, §2º, da Lei nº 11.079/2004). O tema será aprofundado adiante.

Os critérios que constarão do edital de licitação da concessão — objeto, área e prazo — deverão ser devidamente justificados, sendo indevida a determinação arbitrária por parte do poder público.[11]

Essa desoneração do setor público, por meio da qual seus recursos deverão ser aplicados de forma estratégica e, portanto, suprindo o desinteresse privado em investimentos economicamente inviáveis, respalda-se no princípio da subsidiariedade, que aponta para uma ação supletiva do Estado na economia de um modo geral. Vale conferir a lição de Souto (2003:27):

> O que se propõe, em obediência ao princípio da subsidiariedade, é que o Estado se concentre na execução daquilo que é essencial, transferindo funções que podem ser desenvolvidas com maior eficiência pelos particulares, seja em regime de livre-iniciativa, seja em regime de direito público (serviços públicos universais), ambas sob regulação estatal; nas palavras de Gaspar Ariño Ortiz (1996:26-27), trata-se de privatizar (no sentido deste trabalho, melhor seria usar "desestatizar") atividades que não satisfazem necessidades primordiais, operando-se uma transferência de titularidade (melhor diria "execução") pública[12] para a privada, sem escapar à regulação estatal.

Já no que toca ao regime jurídico das rodovias, é preciso observar que as rodovias têm natureza jurídica de bens públicos, de acordo com o disposto no art. 98 do Código Civil, podendo ser de titularidade da União, estados, municípios e Distrito Federal.

---

[11] Neste sentido, confira-se Justen Filho (2003:210).
[12] A linha adotada neste trabalho, no entanto, é de que, nos serviços públicos universais, o Estado não perde a sua titularidade, mas, apenas, transfere a sua execução, sob suas normas e controle. A perda da titularidade só ocorre se a lei ou a Constituição deixam de considerar um serviço como público, retornando a atividade ao regime de livre-iniciativa, sob monitoramento estatal. Nada impede que atividades, sem compromisso de universalidade (e desde que esta seja garantida), possam ser desempenhadas em regime de liberdade e competição.

Segundo o mencionado artigo, podemos considerá-las, quanto à sua destinação pública, como bens públicos de uso comum do povo, o que significa que podem ser utilizadas livremente por toda a coletividade. Não se pode, contudo, concluir daí que a livre utilização pela sociedade impeça o condicionamento, por parte do poder concedente, de tal uso em prol do atendimento de finalidades públicas. Isso porque o uso de bens públicos submete-se à polícia administrativa, na medida em que ao direito do usuário da rodovia contrapõe-se o direito da coletividade, quanto às condições de utilização e segurança da via.

Na qualidade de bens públicos, as rodovias possuem características de inalienabilidade (não podem ter o seu domínio alienado aos particulares), impenhorabilidade (não é admitida sua penhora, sendo o regime de execução contra a Fazenda Pública regrado pelo sistema constitucional dos precatórios — art. 100 da CF/88), não oneração (não podem ser utilizados como garantia sobre coisa alheia) e imprescritibilidade (não podem ser objeto de usucapião).

O sistema nacional de viação e a estrutura das rodovias

O sistema nacional de viação é constituído pela infraestrutura viária e pela estrutura operacional dos diferentes meios de transporte, consoante o art. 2º da Lei nº 10.233/2001. Encontra respaldo também na Lei nº 5.917/1973, que aprovou o atual Plano Nacional de Viação. Na forma do diploma legal, o sistema nacional de viação é composto pelo conjunto dos sistemas rodoviário, ferroviário, portuário, hidroviário, aeroviário e de transportes urbanos. Assim, o sistema rodoviário nacional (composto pelos sistemas rodoviários federal, estaduais e municipais) compreende a infraestrutura rodoviária, que inclui as redes de rodovias e suas instalações acessórias e complementares.

Segundo as definições legais constantes no anexo I do Código de Trânsito Brasileiro (Lei nº 9.053/1997), as rodovias e estradas são vias rurais, ao passo que as ruas, avenidas, vielas e similares enquadram-se no conceito de vias urbanas. A diferença entre as rodovias e estradas é que as estradas são as vias não pavimentadas, enquanto as rodovias são as vias pavimentadas. Estas são compostas por diversos elementos que integram sua base física, como as pistas de rolamento, os canteiros, acostamentos e a faixa de domínio, esta constituída por área adjacente à rodovia que se destina a servir como base de apoio à via pública — são terrenos marginais à rodovia e que propositalmente remanescem da expropriação necessária à construção do leito carroçável, de modo a permitir uma zona de segurança e uma reserva de terreno para ampliações futuras (Marques Neto, 2001b:770).

A estrutura da rodovia inclui também a denominada faixa *non aedificandi*, exemplo de limitação administrativa, forma de intervenção estatal na propriedade privada. Com os objetivos de garantir a segurança do tráfego e higiene das edificações, ela impede que os proprietários dos terrenos lindeiros construam nas margens da rodovia, dentro de uma faixa mínima de 15 metros para cada lado, conforme a leitura do art. 4º, III, da Lei nº 6.766/1979. Caso existam construções anteriores à imposição da faixa *non aedificandi*, poderão estas ser demolidas, devendo haver a justa reparação a seus proprietários em contrapartida.

Exploração e regulação nas rodovias

Diante de um notório quadro de ausência de recursos públicos para construção e manutenção de rodovias, ganha sustento a opção de parceria do Estado brasileiro com a iniciativa privada, por meio de contratos de concessão, ficando os investimentos a cargo do concessionário particular, cuja remuneração é então obtida a partir da cobrança de pedágio aos usuários, o que torna o sistema mais justo — eis que são eles, os usuários, que se beneficiam do serviço —, não fazendo recair o ônus de manutenção e melhoramentos das rodovias sobre todo o resto da sociedade.

Trata-se de contrato de concessão de serviço público precedido de obra pública (art. 2º, III, da Lei nº 8.987/1995): findas as obras necessárias, o que ocorre é a exploração pelo particular de um serviço público, constante na operação daquele sistema viário.[13]

Entre as diversas estruturas de mercado, a rodovia caracteriza-se por ser um monopólio natural, o que significa que não há a possibilidade de terceiros competirem com o concessionário na exploração do serviço.[14] Ainda que terceiros optem por entrar naquele determinado segmento, a própria estrutura do mercado não comporta atuação em regime concorrencial — são exemplos típicos os setores de infraestrutura (rodovias, ferrovias etc.). Frise-se que a impossibilidade de competição advém de características do próprio segmento, e não do contrato de concessão, como se pode depreender do art. 16 da Lei nº 8.987/1995: "A outorga da concessão ou permissão não terá caráter de exclusividade, salvo no caso de inviabilidade técnica ou econômica justificada no ato a que se refere o art. 5º desta Lei".

---

[13] A maioria da doutrina aponta neste sentido. É o caso, por exemplo, de Garcia (2004:48-53); Moreira (2010:26-27); Duarte (1997:41); Rocha (1996:43 e segs.). De outro lado, Floriano Azevedo Marques Neto opina em sentido diferente: "Em suma, exploração de rodovia não é serviço público coisíssima nenhuma. A atividade de exploração nenhuma relevância coletiva tem. A exploração da rodovia, enquanto tal, interessa apenas ao particular e é a contrapartida que o concessionário tem por conservar, ampliar, manter e gerir a coisa pública rodovia. [...] Temos claro, portanto, que o negócio jurídico concessão de rodovia é distinto da concessão de um serviço público. A concessão de rodovia envolve a concessão de um bem público, segundo a qual o Estado delega ao particular o direito de explorar todas as potencialidades deste bem, devendo, em contrapartida, assumir obrigações de interesse da coletividade, tais como: construir, conservar ou ampliar o bem; dotá-lo de melhores condições operacionais; prover os meios para que os demais administrados dele se utilizem de forma organizada e adequada; responsabilizar-se pela observância das regras de utilização impostas pelo poder concedente, entre outras" (Marques Neto, 2001a:250).

[14] Sobre o tema, ver Garcia (2002:285-296).

Note-se que a concorrência aqui referida é a que ocorre dentro do próprio modal de transporte. Não se quer afastar a concorrência *entre os modais*, que permite que o usuário escolha, entre todos, o meio de transporte que melhor lhe aprouver.

Tratando-se de um monopólio, torna-se necessária a intervenção estatal para corrigir as possíveis falhas e ineficiências econômicas do mercado. Neste sentido, confira-se o ensinamento de Souto (2002:90):

> Sua principal função [da regulação] é evitar que os serviços públicos, especialmente os monopólios naturais, sejam exercidos de forma abusiva pelos particulares. É que, em muitos casos (como de gás, água e esgoto, ferrovias e metrovias), não se admite a duplicação indiscriminada numa cidade de redes, cabendo à regulação a fixação de tarifas módicas, mas equilibrando interesses, de modo a nunca serem tão baixas quanto desejadas pelo usuário, nem tão elevadas, como almejadas pelo fornecedor do serviço.

Assim, a principal tarefa dos reguladores é a de obter o ponto ótimo na equação envolvendo a qualidade do serviço prestado e o sacrifício dos usuários por meio da cobrança do pedágio. É por esse motivo que a existência de outras fontes de receita para o concessionário contribui para desonerar o custo final do pedágio a ser cobrado dos usuários. São elas fontes alternativas, complementares, acessórias ou de projetos associados, segundo o art. 11 da Lei nº 8.987/1995,[15] cabendo ao agente regulador a sua previsão específica no edital de licitação, o que, segundo a melhor hermenêutica, não pode impedir a viabilização de novas modalidades de receita durante a vigência da concessão. Em

---

[15] Sobre tais modalidades, ver Blanchet (1995:60).

matéria de rodovias, cite-se, exemplificativamente, a instalação de postos de gasolina, restaurantes, hotéis, a exploração de espaços publicitários etc. Tais atividades podem ser exploradas diretamente pelo concessionário ou pactuadas com terceiros, em contratos regidos pelo direito privado.

Ainda, é obrigação dos agentes reguladores a busca constante pela manutenção de tal equilíbrio, eis que os contratos de concessão são de longa duração, devendo sempre ser lidos à luz das circunstâncias do presente. Tal assertiva, no entanto, deve ser conjugada com a de que o risco é da essência de um contrato de concessão, o que implica a necessidade de prévio conhecimento dos riscos por parte do concessionário e sua clara delimitação junto ao concedente.

Ponto de vital importância no que se refere à manutenção do equilíbrio contratual é o relativo à disciplina, pelo concedente, das vias alternativas e acessos à rodovia concedida. Tem ele o dever de exercer sua polícia administrativa sobre a rodovia e sua faixa de domínio, mesmo se esta foi concedida. Inserta em tal atribuição está a de autorizar a criação de acessos às rodovias, por meio de ato administrativo precário, sujeito ao exame de conveniência do administrador, que deve avaliar a segurança dos usuários e a possibilidade de otimização da fluidez do tráfego.

Por via alternativa entende-se aquela rodovia, preexistente ou não ao processo de concessão, que se inicia na mesma origem da rodovia pedagiada (ou em algum ponto de acesso a ela), paralelamente ou não à via concedida, e faz com que o usuário, ao optar pela rota alternativa, nao retorne à via pedagiada antes de chegar ao destino preestabelecido, destino esse idêntico ao que se alcançaria caso optasse pela rodovia pedagiada. Já a rota de evasão seria aquela, não preexistente ao processo de concessão, que possibilita que o usuário da via concedida se evada em ponto anterior à praça de pedágio e retorne após esta, percorrendo, sem efetuar pagamento, parte considerável da rodovia concedida (Carneiro, Gomes, Magalhães e Yamashita [s.d.]).

O problema surge quando se criam rotas de fuga pelos usuários com o objetivo de burlar o pagamento do pedágio. Muitas vezes tais acessos são criados por municípios, com o objetivo de obter prestígio político junto à população com a oposição ao pagamento do pedágio de rodovia concedida por um estado federado ou pela União. Cabe então ao concessionário lesado comunicar ao concedente, solicitando que sejam tomadas as providências cabíveis para bloquear o acesso irregular,[16] ou, ainda, rever a autorização concedida regularmente para o acesso à rodovia. Eventual omissão do concedente na regularização da concessão pode ocasionar o mencionado desequilíbrio no contrato, ensejando sua revisão.

Outro instrumento de política regulatória no setor é o livre acesso a estruturas essenciais para prestação de serviços de interesse geral — *essential facilities*. A noção de *essential facility* envolve, como bem ensina Souto (2004a:188-189), a vinculação da propriedade a uma função social voltada para o atendimento de um interesse relevante da coletividade. No que tange ao específico caso das rodovias, envolve o acesso e a possibilidade

---

[16] Neste sentido, confira-se a ementa de interessante julgado do TJRJ:
"Agravo de instrumento. Ação de obrigação de não fazer. Agravante que, agindo em interesse próprio, abre, em rodovia pública, acesso a seu estabelecimento comercial, localizado no km-01+800, sem dar tempo à agravada e à Agência Nacional de Transportes Terrestres — ANTT de analisar a proposta que formulou nesse sentido. Fechamento do acesso irregular, por determinação da agência reguladora, em razão dos riscos que o mesmo traria para os usuários da rodovia e para os moradores do entorno, pois se encontra localizado no entroncamento das rodovias BR-116/RJ e BR-393/RJ. Decisão que antecipa os efeitos da tutela proibindo a abertura ou reabertura do referido acesso. Provimento judicial que não se apresenta teratológico, contrário à lei ou à prova dos autos. Providência que se impõe em razão da verossimilhança das alegações autorais. Aplicação do Enunciado nº 59 da Súmula de Jurisprudência deste tribunal. Manutenção das astreintes em valor elevado como forma de impedir a alteração do bem público. Negativa de seguimento ao recurso". TJRJ. Agravo de Instrumento nº 2008.002.13755. 2ª Câmara Cível. Rel. Des. Leila Mariano. Julgamento em 12-5-2008.

de instalação, na faixa de domínio das rodovias, de elementos de infraestrutura de outros serviços públicos, como, por exemplo, a instalação de redes de dutos utilizados na prestação dos serviços de gás, eletricidade e telecomunicações. Assim, nem o concessionário nem o poder público, titular do imóvel em questão, podem obstar ao acesso de tais estruturas, salvo se tal fato comprometer a segurança do tráfego, que é a finalidade pública originária de tal faixa. O ponto será aprofundado em item específico adiante.

No plano federal, a regulação é exercida pela ANTT (instituída pela Lei nº 10.233/2001), vinculada ao Ministério dos Transportes. Tratando-se de opção por uma regulação setorial, tal agência não apenas atua na esfera de transporte rodoviário (inclui tanto a regulação da exploração das rodovias quanto do serviço de transporte rodoviário interestadual e internacional, de passageiros e de cargas), mas também no ferroviário (igualmente exercendo atividade sobre a exploração da infraestrutura ferroviária e do respectivo serviço de transporte de passageiros e, principalmente, de cargas).

Segundo sua lei criadora, a ANTT é responsável pela elaboração e celebração dos contratos de concessão de exploração das rodovias (art. 26, VI), além de regular fiscalização desses contratos. Trata-se de opção política que permite uma maior atuação da agência, posto que exercerá a função regulatória desde a elaboração do edital do contrato de concessão.

A citada lei, em seu art. 80, criou também o Departamento Nacional de Infraestrutura de Transportes (DNIT), em substituição ao antigo Departamento Nacional de Estradas de Rodagem (DNER). Sujeitam-se à sua atuação, entre outras, as ferrovias e rodovias federais (art. 81). Note-se que não há superposição de competências entre o DNIT e a ANTT, posto que, enquanto esta é ente regulador, atuando junto às rodovias e ferrovias concedidas, aquele é agente executor, tratando das rodovias e ferrovias que não foram concedidas, permanecendo sob titularidade e gestão estatais.

No estado do Rio de Janeiro, a regulação é exercida pela Agetransp, agência setorial criada pela Lei Estadual nº 4.555/2005 — a mesma lei extinguiu sua antecessora, a multissetorial Agência Reguladora de Serviços Públicos Concedidos do Estado do Rio de Janeiro (Asep), instituída no âmbito do Programa Estadual de Desestatização (PED) em meados da década de 1990.

Diferentemente da ANTT, a Agetransp não atua como poder concedente nos contratos, cabendo-lhe apenas a função de fiscalização dos mesmos. Um argumento favorável a tal opção é o de que permite maior imparcialidade nas decisões administrativas da agência, que apresentaria, em tese, equidistância entre os interesses das partes envolvidas.

A concessão comum e a concessão patrocinada como principais contratos que instrumentalizam a delegação da gestão de rodovias

Como visto anteriormente, a concessão comum, no cenário da desestatização e da passagem do Estado provedor ao Estado regulador, aparece como o principal modelo de contrato utilizado para instrumentalizar a delegação de rodovias à gestão de particulares, podendo sua licitação se dar nos tipos previstos no art. 15 da Lei nº 8.987/1995,[17] entre os

---

[17] "Art. 15. No julgamento da licitação será considerado um dos seguintes critérios: (Redação dada pela Lei nº 9.648, de 1998)
I – o menor valor da tarifa do serviço público a ser prestado; (Redação dada pela Lei nº 9.648, de 1998)
II – a maior oferta, nos casos de pagamento ao poder concedente pela outorga da concessão; (Redação dada pela Lei nº 9.648, de 1998)
III – a combinação, dois a dois, dos critérios referidos nos incisos I, II e VII; (Redação dada pela Lei nº 9.648, de 1998)
IV – melhor proposta técnica, com preço fixado no edital; (Incluído pela Lei nº 9.648, de 1998)

quais se destaca a maior outorga, segundo a qual interessa à administração arrecadar recursos públicos, ou a menor tarifa, tipo no qual fica clara a preocupação em atender ao princípio da modicidade tarifária.

Atualmente, o que se tem percebido no âmbito das delegações por concessão comum é a maior utilização do tipo menor tarifa, até mesmo por considerar-se a ascensão dos direitos fundamentais, sua íntima relação com os serviços públicos[18] e, ainda, o relacionamento que deve haver entre o interesse público primário e o secundário (este só deve ser perquirido quando tal postura não causar entrechoques com aquele).[19]

Em que pese ao grande uso da concessão comum a instrumentalizar a delegação de rodovias a particulares, no ano de 2004 adveio a Lei nº 11.079, que trata das parcerias público-privadas (PPPs), trazendo novos instrumentos aptos a viabilizar a delegação de rodovias, de acordo com a modelagem mais adequada ao caso concreto.

V – melhor proposta em razão da combinação dos critérios de menor valor da tarifa do serviço público a ser prestado com o de melhor técnica; (Incluído pela Lei nº 9.648, de 1998)
VI – melhor proposta em razão da combinação dos critérios de maior oferta pela outorga da concessão com o de melhor técnica; ou (Incluído pela Lei nº 9.648, de 1998)
VII – melhor oferta de pagamento pela outorga após qualificação de propostas técnicas. (Incluído pela Lei nº 9.648, de 1998)
§1º A aplicação do critério previsto no inciso III só será admitida quando previamente estabelecida no edital de licitação, inclusive com regras e fórmulas precisas para avaliação econômico-financeira. (Redação dada pela Lei nº 9.648, de 1998)
§2º Para fins de aplicação do disposto nos incisos IV, V, VI e VII, o edital de licitação conterá parâmetros e exigências para formulação de propostas técnicas. (Redação dada pela Lei nº 9.648, de 1998)
§3º O poder concedente recusará propostas manifestamente inexequíveis ou financeiramente incompatíveis com os objetivos da licitação. (Redação dada pela Lei nº 9.648, de 1998)
§4º Em igualdade de condições, será dada preferência à proposta apresentada por empresa brasileira. (Redação dada pela Lei nº 9.648, de 1998)"
[18] Alexandre Santos de Aragão sintetiza: "Em outras palavras, os *serviços públicos* não são em si um direito fundamental, mas *meios de realização de direitos fundamentais autonomamente considerados*". (Aragão, 2007:533, grifos nossos).
[19] Sobre o ponto confira-se: Moreira Neto (2009:621-623).

As parcerias público-privadas têm sido tratadas sob a nomenclatura "concessões de caráter especial". Assim vem sendo feito com a intenção de diferenciá-las das concessões previstas na Lei nº 8.987/1995, que trataria, portanto, das concessões comuns.[20]

O modelo "parceria público-privada" tem sua elaboração justificada no intuito de oferecer uma alternativa aos modelos preexistentes de contratação dos quais se pode valer a administração pública para contratar com o setor privado.

A Lei Geral de Licitações (Lei nº 8.666/1993) previu modelos de contratação que são remunerados exclusivamente por dotação orçamentária. Acontece que a contumaz inadimplência do setor público nesses tipos de contratação acaba por, muitas vezes, esvaziar o interesse do parceiro privado em participar do certame licitatório e contratar com a administração pública. Passa-se, assim, a experimentar a ocorrência de licitações desertas, o que comprova a ineficiência do modelo adotado.

Como alternativa a esse modelo surgem as proposições da Lei nº 8.987/1995, que dispõe sobre modalidades de contratação em que o risco do contrato é do concessionário/permissionário, porém os serviços são remunerados não mais pelo poder público, e sim pelo administrado-usuário, por meio do pagamento de tarifa pública. O problema aqui reside no fato de que a quantidade de usuários nem sempre está em acordo com o predisposto no edital da concessão/permissão, o que frustra

---

[20] Tal compreensão pode ser extraída do art. 2º, §3º, da Lei nº 11.079/2004 (Lei das PPPs):
"Art. 2º Parceria público-privada é o contrato administrativo de concessão, na modalidade patrocinada ou administrativa.
[...]
§3º *Não constitui parceria público-privada a concessão comum, assim entendida a concessão de serviços públicos ou de obras públicas de que trata a Lei nº 8.987, de 13 de fevereiro de 1995, quando não envolver contraprestação pecuniária do parceiro público ao parceiro privado* [grifos nossos]".

todo o planejamento do parceiro privado e pode até inviabilizar a concessão/permissão.

Surge, então, a alternativa das parcerias público-privadas, com sede legal na Lei nº 11.079/2004,[21] de maneira a ocupar uma posição intermediária em relação aos dois modelos anteriores. As parcerias público-privadas têm como objetivo incentivar o aumento dos investimentos do setor privado em infraestrutura, de modo a viabilizar, com a união de esforços entre o setor público e o setor privado, a sustentabilidade e o crescimento do desenvolvimento econômico brasileiro. Tal parceria seria capaz de viabilizar a elaboração de projetos de grande interesse público, mas que ofereceriam pouca atratividade ao parceiro privado caso fossem remunerados somente por tarifa pública, em função de uma rentabilidade insuficiente ou de difícil projeção. Procedendo-se à parceria público-privada, torna-se possível somar investimentos privados aos públicos, podendo-se reduzir significativamente o tempo que, apenas com recursos públicos, se levaria para realizar tais investimentos.[22]

Entre as principais características das parcerias público-privadas sublinham-se: o risco, que deve ser compartilhado entre a administração pública e o concessionário, nos termos do art. 4º,

---

[21] Observe-se que a Lei nº 11.079/2004 dispõe tanto sobre regras gerais quanto sobre regras específicas para a União. Assim, os estados e municípios que quiserem se valer do instituto das parcerias público-privadas terão que elaborar legislação específica própria. Nesse sentido, o Rio de Janeiro elaborou a Lei nº 5.068/2007, que institui o Programa Estadual de Parcerias Público-Privadas (Propar).

[22] Como os investimentos em infraestrutura são vultosos e, assim, o desenvolvimento de projetos em tais áreas exige um prazo de amortização de investimentos consideravelmente longo, a Lei das PPPs, nos incisos I e II do §4º de seu art. 2º, assim dispõe:
"Art. 2º Parceria público-privada é o contrato administrativo de concessão, na modalidade patrocinada ou administrativa.
[...]
§4º É vedada a celebração de contrato de parceria público-privada:
I – cujo valor do contrato seja inferior a R$ 20.000.000,00 (vinte milhões de reais);
II – cujo período de prestação do serviço seja inferior a 5 (cinco) anos; [...]".

VI, da Lei nº 11.079/2004;[23] a remuneração de caráter misto, feita por meio de dotação orçamentária do poder público, mas também por meio de tarifa pública paga pelo usuário, como prevê o art. 2º, §1º, da Lei nº 11.079/2004;[24] a presença de garantias do adimplemento por parte do poder público para com o concessionário, assim como do concessionário para com seu financiador, conforme disposto, respectivamente, nos arts. 8º e 5º, §2º, ambos da Lei nº 11.079/2004;[25] a possibilidade da utilização de arbitragem

---

[23] "Art. 4º Na contratação de parceria público-privada serão observadas as seguintes diretrizes:
[...]
VI – repartição objetiva de riscos entre as partes; [...]".

[24] "Art. 2º Parceria público-privada é o contrato administrativo de concessão, na modalidade patrocinada ou administrativa".
§1º Concessão patrocinada é a concessão de serviços públicos ou de obras públicas de que trata a Lei nº 8.987, de 13 de fevereiro de 1995, quando envolver, adicionalmente à tarifa cobrada dos usuários, contraprestação pecuniária do parceiro público ao parceiro privado".

[25] "Art. 8º As obrigações pecuniárias contraídas pela Administração Pública em contrato de parceria público-privada poderão ser garantidas mediante:
I – vinculação de receitas, observado o disposto no inciso IV do art. 167 da Constituição Federal;
II – instituição ou utilização de fundos especiais previstos em lei;
III – contratação de seguro-garantia com as companhias seguradoras que não sejam controladas pelo Poder Público;
IV – garantia prestada por organismos internacionais ou instituições financeiras que não sejam controladas pelo Poder Público;
V – garantias prestadas por fundo garantidor ou empresa estatal criada para essa finalidade;
VI – outros mecanismos admitidos em lei".
No mesmo diploma legal temos que:
"Art. 5º As cláusulas dos contratos de parceria público-privada atenderão ao disposto no art. 23 da Lei nº 8.987, de 13 de fevereiro de 1995, no que couber, devendo também prever:
[...]
§2º Os contratos poderão prever adicionalmente:
I – os requisitos e condições em que o parceiro público autorizará a transferência do controle da sociedade de propósito específico para os seus financiadores, com o objetivo de promover a sua reestruturação financeira e assegurar a continuidade da prestação dos serviços, não se aplicando para este efeito o previsto no inciso I do parágrafo único do art. 27 da Lei nº 8.987, de 13 de fevereiro de 1995;
II – a possibilidade de emissão de empenho em nome dos financiadores do projeto em relação às obrigações pecuniárias da Administração Pública;

para dirimir conflitos decorrentes ou relacionados aos contratos celebrados, nos termos do art. 11, III, da Lei das PPPs;[26] e, ainda, a instituição de um fundo garantidor que, como se denota dos arts. 16 a 21 da Lei das PPPs, garante o pagamento das prestações pecuniárias pelo parceiro público ao parceiro privado.[27]

Por fim, e em sucinta diferenciação, as parcerias público-privadas podem se dar em duas modalidades: concessão especial patrocinada e concessão especial administrativa.

A concessão especial na modalidade patrocinada está prevista no art. 2º, §1º, da Lei nº 11.079/2004.[28] Trata-se de concessão de serviços públicos que, além da tarifa cobrada dos usuários, será remunerada também por meio de contraprestação pecuniária do parceiro público ao parceiro privado.

III – a legitimidade dos financiadores do projeto para receber indenizações por extinção antecipada do contrato, bem como pagamentos efetuados pelos fundos e empresas estatais garantidores de parcerias público-privadas".

[26] "Art. 11. O instrumento convocatório conterá minuta do contrato, indicará expressamente a submissão da licitação às normas desta Lei e observará, no que couber, os §§ 3º e 4º do art. 15, os arts. 18, 19 e 21 da Lei nº 8.987, de 13 de fevereiro de 1995, podendo ainda prever:
[...]
III – o emprego dos mecanismos privados de resolução de disputas, inclusive a arbitragem, a ser realizada no Brasil e em língua portuguesa, nos termos da Lei nº 9.307, de 23 de setembro de 1996, para dirimir conflitos decorrentes ou relacionados ao contrato".

[27] Veja-se o art. 16 e seus dois primeiros parágrafos, por oportuno:
"Art. 16. Ficam a União, suas autarquias e fundações públicas autorizadas a participar, no limite global de R$ 6.000.000.000,00 (seis bilhões de reais), em Fundo Garantidor de Parcerias Público-Privadas — FGP, que terá por finalidade prestar garantia de pagamento de obrigações pecuniárias assumidas pelos parceiros públicos federais em virtude das parcerias de que trata esta Lei.
§1º O FGP terá natureza privada e patrimônio próprio separado do patrimônio dos cotistas, e será sujeito a direitos e obrigações próprios.
§2º O patrimônio do Fundo será formado pelo aporte de bens e direitos realizado pelos cotistas, por meio da integralização de cotas e pelos rendimentos obtidos com sua administração".

[28] "Art. 2º Parceria público-privada é o contrato administrativo de concessão, na modalidade patrocinada ou administrativa.
§1º Concessão patrocinada é a concessão de serviços públicos ou de obras públicas de que trata a Lei nº 8.987, de 13 de fevereiro de 1995, quando envolver, adicionalmente à tarifa cobrada dos usuários, contraprestação pecuniária do parceiro público ao parceiro privado."

Já a concessão especial na modalidade administrativa encontra previsão legal no art. 2º, §2º, da Lei nº 11.079/2004,[29] e se refere à concessão de prestação de serviços dos quais a administração seja usuária direta ou indireta.

As PPPs vêm sendo utilizadas para a delegação de rodovias,[30] como se vê, por exemplo, no caso da PPP federal que teve por objeto a restauração, manutenção, operação e aumento de capacidade das rodovias BR-324 e BR-116 nos estados de Minas Gerais e Bahia;[31] da concessão patrocinada feita pelo estado de Minas Gerais da rodovia MG-050;[32] da PPP da rodovia Transcerrado, no Piauí,[33] e, ainda, da PPP que tem por objeto a concessão do complexo viário Praia do Paiva, com 6,2 km de rodovia e uma ponte de 300 metros, que vai reduzir em 44 quilômetros a distância entre Recife e o litoral sul do estado de Pernambuco.[34]

A definição de serviço adequado voltado à realidade de cada rodovia

A adequação do serviço público[35] constitui um direito inequívoco dos usuários de serviços públicos, considerados

---

[29] "§2º Concessão administrativa é o contrato de prestação de serviços de que a Administração Pública seja a usuária direta ou indireta, ainda que envolva execução de obra ou fornecimento e instalação de bens".
[30] Especificamente sobre o tema, e enfatizando questões contábeis a ele afetas, confira-se Fernández e Slomski [s.d.].
[31] Para um quadro geral das PPPs até julho de 2010 vale conferir o arquivo disponível em: <www.planejamento.gov.br/hotsites/ppp/conteudo/projetos/arquivos_down/projetos_quadros.pdf>. Acesso em: 10 ago. 2010.
[32] Informações da referida PPP encontram-se disponíveis em: <www.ppp.mg.gov.br/>. Acesso em: 9 ago. 2010.
[33] Até onde se tem informação, a dita parceria se encontra em fase de estudo de viabilidade. Há notícias na internet sobre o caso, por exemplo, em: <http://180graus.brasilportais.com.br/politica/estudo-da-transcerrado-sera-concluido-somente-em-julho-321320.html>. Acesso em: 9 ago. 2010.
[34] Confira-se notícia a respeito disponível em: <www2.rodoviasevias.com.br/revista/materias.php?id=414&edicao=Nacional%2041>. Acesso em: 10 ago. 2010.
[35] Confira-se o art. 6º da Lei nº 8.987/1995: "Art. 6º Toda concessão ou permissão pressupõe a prestação de serviço adequado ao pleno atendimento dos usuários, conforme estabelecido nesta Lei, nas normas pertinentes e no respectivo contrato.

em sua totalidade. Moreira Neto (2009:475) assim leciona a respeito do tema:

> Em decorrência do exposto, o regime dos serviços públicos apresenta características funcionais próprias, que o estremam do regime comum dos serviços privados, sintetizadas em oito princípios jurídicos informativos dos serviços públicos: a generalidade, a continuidade, a regularidade, a eficiência, a atualidade, a segurança, a cortesia e a modicidade, que, em conjunto, atendem ao conceito jurídico indeterminado constitucional de serviço adequado (art. 175, parágrafo único, IV, CF), tal como constante da Lei nº 8.987, de 15 de fevereiro de 1995 (art. 6º, §1º) e do mesmo modo expresso como direito do consumidor, na Lei nº 8.078, de 11 de setembro de 1990 (art. 6º, X).

Por conta disso, a adequação é, também, a diretriz principal que orienta o controle exercido tanto pelo concedente quanto pelo agente regulador.

Pois bem. Grande parte do controle a ser exercido ao longo do tempo pelo poder concedente encontra parâmetros

---

§1º *Serviço adequado é o que satisfaz as condições de regularidade, continuidade, eficiência, segurança, atualidade, generalidade, cortesia na sua prestação e modicidade das tarifas.*
§2º A atualidade compreende a modernidade das técnicas, do equipamento e das instalações e a sua conservação, bem como a melhoria e expansão do serviço.
§3º Não se caracteriza como descontinuidade do serviço a sua interrupção em situação de emergência ou após prévio aviso, quando:
I – motivada por razões de ordem técnica ou de segurança das instalações; e,
II – por inadimplemento do usuário, considerado o interesse da coletividade" [grifos nossos].
Especificamente quanto às rodovias, confira-se o art. 28, I, da Lei nº 10.233/2001:
"Art. 28. A ANTT e a ANTAQ, em suas respectivas esferas de atuação, adotarão as normas e os procedimentos estabelecidos nesta Lei para as diferentes formas de outorga previstos nos arts. 13 e 14, visando a que:
I – *a exploração da infraestrutura e a prestação de serviços de transporte se exerçam de forma adequada, satisfazendo as condições de regularidade, eficiência, segurança, atualidade, generalidade, cortesia na prestação do serviço, e modicidade nas tarifas*" [grifos nossos].

determinantes no que foi previsto no edital de licitação da concessão da rodovia. O edital e o contrato, assim, são as principais sedes tanto para a gestão do serviço e, portanto, para a garantia de sua adequação, quanto para o arranjo a ser conferido ao compartilhamento de riscos entre os contratantes, como visto anteriormente.

A peculiaridade está na afirmação de que a adequação, enquanto conceito jurídico indeterminado que é, deve ser planejada e aferida à luz de cada rodovia em específico.

Assim, tendo por vista cada caso concreto, deverão o edital e o contrato, para uma adequada gestão e prestação do serviço público, conter determinações que atendam aos seguintes princípios:[36]

❏ generalidade — acesso universal[37] e tratamento isonômico dos usuários;[38]
❏ continuidade — prestação do serviço de forma ininterrupta, dentro de sua realidade horária previamente estipulada e de ciência dos usuários da rodovia;[39]
❏ modicidade tarifária — tem duplo viés, assegurando o acesso ao tráfego nas rodovias pelo usuário e, em contrapartida, conferindo ao concessionário o retorno de seus investimentos e o justo lucro;

---

[36] A respeito do tema, confira-se Garcia (2004:100-108).
[37] Veja-se que acesso universal não se confunde com gratuidade; tão somente assegura que a tarifa seja fixada em quantia que não inviabilize a fruição do serviço pelos usuários. É preciso interpretar a expressão em conjunto com a noção de modicidade tarifária, a seguir abordada.
[38] Legalmente prevista no art. 13 da Lei nº 8.987/1995.
[39] Impede, entre outras ações, a paralisação unilateral do serviço por parte do concessionário, em função de eventual inadimplência do poder público, tendo em vista a impossibilidade de denúncia unilateral prevista no art. 79 da Lei nº 8.666/1993. A concessionária, para interromper o serviço em tal hipótese, precisa movimentar o Poder Judiciário a tutelar sua situação.

- atualidade — consiste na determinação de que a prestação do serviço deva se dar sempre em consonância com as modernas técnicas, equipamentos e instalações, o que demonstra a íntima relação de tal princípio com o princípio da eficiência;
- regularidade — impõe a prestação do serviço sem variação da qualidade técnica, forçando a efetividade dos serviços postos à disposição do usuário da rodovia, como o socorro mecânico, por exemplo;
- segurança — visa a garantir que a integridade dos usuários do serviço seja assegurada, sendo o caso, por exemplo, da predisposição de serviços médicos para casos de acidentes;
- cortesia — determina que a relação concessionário/usuário deve se dar com urbanidade;
- eficiência — é o grande vetor a ser considerado para a prestação de um serviço adequado, eis que restará atendido quando os demais princípios anteriormente abordados também o forem corretamente.

É preciso aprofundar o ponto da eficiência na prestação do serviço, eis que se trata da mola mestra a mover a gestão do contrato e a garantia de um serviço adequado.

A eficiência é o resultado equilibrado da ponderação entre todos os princípios acima dispostos. Assim é que, ao ser modelada contratualmente, a concessão deve levar em conta tais princípios de modo a garantir que coexistam de forma adequada a não se sobreporem uns aos outros, o que significaria, por certo, o sacrifício de um serviço adequado. O melhor exemplo a ilustrar a questão parece residir na calibragem entre os princípios da atualidade e segurança e o princípio da modicidade tarifária. De nada adiantaria se absolutamente todas as atualizações técnicas e metodológicas fossem determinadas pelo contrato, além da oferta potencial de todo e qualquer tipo de atendimento a acidente se, de outro lado, o contrabalanço disso resultasse numa tarifa que agravasse a acessibilidade dos usuários em virtude de seu valor demasiadamente alto.

A questão se coaduna com a noção de custo dos direitos e de que, portanto, direitos não nascem em árvores.[40]

Esse é o principal ponto de preocupação a ser considerado quando do compartilhamento de riscos e custos entre concedente e concessionário no contrato.

A determinação do conceito indeterminado "serviço adequado", portanto, não pode descurar de observar atentamente as peculiaridades de cada rodovia, como o fluxo de veículos, os problemas mais comuns encontrados no tráfego de veículos na região, as necessidades impostas pelo dever de segurança das vias rodoviárias locais, o nível de atualidade que é preciso manter-se para a prestação do serviço etc.

A utilização de modelos preconcebidos não converge para a realização do ideal de adequação na prestação do serviço, e pode inviabilizar, inclusive, a concessão de rodovias, ao provocar o desinteresse econômico dos investidores privados em virtude do desequilíbrio econômico-financeiro entre deveres e receita para fazer frente a eles.

Os principais problemas na gestão das rodovias e o papel do controle

O contrato de concessão para a gestão de rodovias é instrumento que, antes de mais nada, constitui a sede adequada ao compartilhamento de riscos que são traduzidos, no limite, em direitos e deveres para o concedente, o concessionário e o usuário.[41]

---

[40] Sobre a questão, confira-se, entre outros, Galdino (2005).
[41] Note-se que a prestação de um serviço público por meio de uma concessão comum implica uma relação trilateral ou, mesmo, quadrilateral, quando se tratar de um setor

O contrato deve, portanto, na medida do possível, antever a solução para os problemas que sabidamente se passam nas relações jurídicas subjacentes às rodovias concedidas, de modo a otimizar a prestação do serviço e evitar custos desnecessários, como, por exemplo, os que seriam ocasionados pela judicialização de tais questões.

Fixado isto, neste momento importa adentrar aos principais problemas que envolvem a gestão das rodovias concedidas.

O conflito entre concessionárias na exploração da faixa de domínio

Mais do que os aportes doutrinários, é importante sintetizar os argumentos que circundam tal conflito e abordar o tema à luz do que já foi produzido pela jurisprudência, que sobre o mesmo se tem manifestado reiteradas vezes.

Como apontado anteriormente, a faixa de domínio é a

> área adjacente à rodovia que se destina a servir como base de apoio à via pública. São terrenos marginais à rodovia e que propositalmente remanescem da expropriação necessária à construção do leito carroçável, de modo a permitir uma zona de segurança e uma reserva de terreno para ampliações futuras.
> (Marques Neto, 2001b:770)

A extensão da faixa de domínio, que é bem público de titularidade da concessionária da rodovia, volta-se a garantir as

---

regulado da economia. Assim, estão envolvidos na trama contratual concedente, concessionário, usuário e agência reguladora. Em suma: a relação de serviço público se estende para além do concedente e da concessionária. Trata-se de relação jurídica complexa, que envolve a participação dos usuários e dos entes reguladores, criando uma multiplicidade de direitos e deveres para todos os que se inserem nesse sistema organizacional. O ato é bilateral, mas a relação é quadrangular.

condições de trânsito dos veículos, contemplando, assim, noções como a de segurança, fluidez e circulação adequada.

Tal faixa, como exposto anteriormente, é tida por *essential facility* no que toca à possibilidade de nela serem instalados elementos de infraestrutura de outros serviços públicos, como, por exemplo, a instalação de redes de dutos utilizados na prestação dos serviços de fornecimento de gás, eletricidade e telecomunicações. Assim, nem o concessionário, nem o poder público, titular do imóvel em questão, podem obstar ao acesso a tais estruturas, salvo se tal fato comprometer a segurança do tráfego, que é a finalidade pública originária da faixa.

A controvérsia está em saber, no entanto, se a passagem de dutos de outro serviço público é prática sobre a qual pode incidir cobrança por parte da concessionária da rodovia,[42] revertendo-se tais recursos como receitas alternativas, na forma do previsto no art. 11 da Lei nº 8.987/1995.

Como dito, o tema é polêmico, como a judicialização há de mostrar, por si só,[43] na sequência.

Diante disso, é interessante abordar os argumentos pró e contra, encontrados em tais julgados, para que se possa desenhar o cenário oferecido pela jurisprudência.

Passa-se, assim, a destacar os argumentos que apontam para a impossibilidade de cobrança em virtude da passagem.

Os argumentos que justificariam essa pretendida gratuidade podem ser assim sintetizados:

❏ a faixa de domínio não poderia ser explorada pela concessionária da rodovia, pois se trataria de bem de uso comum

---

[42] O questionamento também se põe quanto à utilização de outras faixas de domínio, como as das ferrovias.
[43] Não só a jurisprudência é extensa. A produção doutrinária sobre o tema também retrata o fôlego do tema. Confira-se Garcia (2004:15-27); Amaral (2001:97-109); Grau (1999:75-88); Di Pietro (2001a); Mello (2002:90-96); Sundfeld (2003); Ferraz Júnior e Maranhão (2007:191-209).

do povo, o que, via de regra, ensejaria seu uso gratuito e, portanto, incondicionado a qualquer remuneração;
- a cobrança pelo uso de um bem de uso comum do povo só poderia ocorrer quando o ente responsável por sua administração realizasse melhorias no seu aproveitamento ou na sua conservação;
- a utilização da faixa de domínio por outra concessionária de serviço público não teria finalidade primária de caráter econômico, mas de execução de serviço público;
- a cobrança pretendida não poderia ser enquadrada no conceito legal de taxa, pois sua instituição não se fundamenta em lei ordinária, como exige o art. 150, I, da CF/88. Tampouco poderia ser exercida a título de preço público, pois nem inexistiria contrapartida da concessionária da rodovia, nem haveria prejuízo ou contraste quanto à afetação principal do bem;
- a concessionária de serviço público que pretende passagem poderia exercitar um poder-dever de prestar tal serviço por meio da utilização do patrimônio público, não cabendo à concessionária da rodovia, discricionariamente, autorizar ou não tal utilização;[44]
- a cobrança de preço pela concessionária da rodovia feriria os interesses da coletividade e o princípio da modicidade tarifária, pois as tarifas do serviço público que pretende passagem teriam que ser majoradas para garantir a manutenção da equação econômica deste contrato de concessão;
- toda propriedade, e principalmente uma propriedade pública, além do aspecto patrimonial (potencial fonte de riquezas

---

[44] No caso das ferrovias, sustenta-se que o art. 11 do Decreto nº 1.832/1996 — que aprovou o Regulamento dos Transportes Ferroviários — estabeleceu uma proibição às concessionárias de impedir a travessia, por qualquer modo, de suas linhas por tubulações ou quaisquer outras instalações.

econômicas), desempenha um aspecto funcional, na forma do art. 5º, XXIII, da CF/88. Assim, a pretensão de cobrança pelo uso de trecho da faixa de domínio seria inidônea, contrariando o interesse público e constituindo óbice à consecução de um interesse maior de toda a população;

- o Decreto Federal nº 84.398/1980 — que dispõe sobre a ocupação de faixas de domínio de rodovias e de terrenos de domínio público e a travessia de hidrovias, rodovias e ferrovias, por linhas de transmissão, subtransmissão e distribuição de energia — determinara a gratuidade da exploração dos terrenos afetos à exploração das faixas de domínio de rodovias, ferrovias e outros terrenos públicos.

De outro lado, os que entendem pela possibilidade da cobrança pela passagem sustentam a tese nos seguintes argumentos:

- a faixa de domínio constitui bem público de uso especial, afeto à atividade concedida à concessionária da rodovia, o que impediria sua livre utilização por outra concessionária de serviço público;
- todos os bens operacionais, inclusive imóveis, como a faixa de domínio, são transferidos à concessionária da rodovia por meio de contrato de arrendamento, tendo sido conferido a ela o direito de sua exploração comercial;
- o art. 40 do Decreto-Lei nº 3.365/1941 determina que o expropriante apenas possa constituir servidões mediante indenização, na forma desta lei, o que indicaria que as demais concessionárias de serviços públicos só poderiam ocupar imóvel de uso especial, explorado comercialmente pela concessionária da rodovia, por meio de acordo entre as partes ou, alternativamente, por instituição de servidão administrativa, mediante o pagamento de indenização justa à concessionária da rodovia, sob pena de seus atos de intervenção na propriedade se caracterizarem como esbulhos;

- no caso de as concessões envolverem serviços de competência federativa distinta, argumenta-se ainda que o princípio da hierarquia federativa, consignado no art. 1º, §1º do Decreto-Lei nº 3.365/1941, por força do art. 40 do mesmo documento legal, também se aplica no que toca à vedação de oneração de bens do patrimônio da União com servidões administrativas instituídas em favor e por iniciativa de qualquer dos estados-membros;
- a concessionária da rodovia, enquanto tal, responde objetivamente pelos eventuais danos causados na prestação do serviço público, sendo, por isso, necessária a permanente fiscalização da instalação e do funcionamento das infraestruturas, o que motiva e justifica a cobrança de contraprestação;[45]
- a cobrança pela exploração comercial da faixa de domínio é fonte de receita alternativa da concessionária da rodovia, quando contratualmente prevista, permitindo não só que sejam adotadas todas as medidas de segurança necessárias à continuidade dos serviços àquela concedidos, como, por ser fonte suplementar, propiciar modicidade das tarifas por ela cobradas;
- a exploração econômica dos imóveis operacionais, quando prevista no contrato de concessão como fonte de receita alternativa da concessionária da rodovia, assim o foi considerada e economicamente equacionada quando de sua participação no processo de licitação;
- a instalação de qualquer estrutura na faixa de domínio oneraria o contrato de concessão da rodovia, ocasionando a quebra do equilíbrio econômico-financeiro no pacto;

---

[45] Nesse ponto, sustenta-se, no caso das ferrovias no que toca ao art. 11 do Decreto nº 1.832/1996 — que aprovou o Regulamento dos Transportes Ferroviários — que o mesmo não obriga a concessionária da ferrovia a ceder gratuitamente o uso de suas linhas por concessionárias de serviço público estadual, mas apenas a não obstaculizar a passagem, desde que observadas as condições específicas de proteção ao tráfego e instalações ferroviárias.

❏ na forma de pronunciamento da Procuradoria-Geral da Agência Nacional de Transportes Terrestres (ANTT, entidade reguladora do setor), a cobrança seria possível. Afastou-se a aplicação do Decreto nº 84.398/1980, sob o entendimento de que fora tacitamente revogado, ou, pelo menos, não se afigurando aplicável no âmbito do serviço público de transporte ferroviário e rodoviário concedido a particular, uma vez que fora editado à época em que as empresas de energia elétrica eram, em sua grande maioria, estatais, e a isenção em relação à faixa de domínio se ligava à organização administrativa do Estado.

Do reporte aos argumentos pode-se ver que não há solução pacífica. A jurisprudência confirma a ausência de um entendimento consolidado.

Em sentido favorável à cobrança por parte da concessionária da rodovia/ferrovia, a jurisprudência se embasa nos seguintes argumentos:[46]

---

[46] Veja-se, ainda, recente julgado do STJ neste sentido:
"Administrativo. Concessão de rodovia estadual. Prequestionamento e aplicabilidade apenas do art. 11 da Lei nº 8.987/1995. Instalação de dutos subterrâneos. Exigência de contraprestação de concessionária de saneamento básico. Possibilidade. Necessidade de previsão no contrato de concessão — Art. 11 da Lei nº 8.987/1995.
1. O único artigo prequestionado e que se aplica ao caso é o art. 11 da Lei nº 8.987/95.
2. Poderá o poder concedente, na forma do art. 11 da Lei nº 8.987/95, prever, em favor da concessionária, no edital de licitação, a possibilidade de outras fontes provenientes de receitas alternativas, complementares, acessórias ou de projetos associados, com ou sem exclusividade, com vistas a favorecer a modicidade das tarifas.
3. No edital, conforme o inciso XIV do art. 18 da citada lei, deve constar a minuta do contrato, portanto o art. 11, ao citar 'no edital', não inviabiliza que a possibilidade de aferição de outras receitas figure apenas no contrato, pois este é parte integrante do edital.
4. No presente caso, há a previsão contratual exigida no item VI, 31.1, da Cláusula 31, *in verbis*: 'cobrança pelo uso da faixa de domínio público, inclusive por outras concessionárias de serviço público, permitida pela legislação em vigor'.
5. Violado, portanto, o art. 11 da Lei nº 8.987/95 pelo Tribunal de origem ao impor a gratuidade.
Recurso especial conhecido em parte e provido". STJ. REsp nº 975097/SP. Primeira Seção. Min. Denise Arruda. Min. Rel. p/ Acórdão Humberto Martins. Julgado em 9-12-2009. Publicado no *DJE* em 14-5-2010.

❏ há direito incontroverso de explorar comercialmente, sob a forma de arrendamento, os bens pertencentes à concessionária da rodovia vinculados à prestação de serviço público. A tanto não importa a natureza do bem, se público ou privado, mas as disposições contratuais que disciplinam o contrato celebrado. Não obstante diversas as formas de intervenção do Estado na propriedade, não poderia o particular, concessionário de serviço público, suportar os ônus da realização de uma obra de infraestrutura sem a prévia e justa indenização;[47]

❏ não existe nem ilegalidade nem ilegitimidade na exigência, realizada pelo DER, de pagamento pela utilização das rodovias sob sua administração, sendo possível e necessária a aplicação, no caso, do art. 103 do Código Civil, que determina que o uso comum dos bens públicos pode ser gratuito ou oneroso, de acordo com os critérios estabelecidos pela entidade administradora. Partindo-se dessa premissa, a cobrança pela utilização da faixa de domínio curial deve ser realizada por meio de um termo de permissão de uso;[48]

❏ pelo fato de ser a rodovia concedida federal, é necessário um contrato específico de remuneração pela utilização, por parte de uma empresa estadual, de um bem público da União. A distribuição de gás no estado do Rio de Janeiro não pode avançar sem a permissão de uso, por parte dos entes federais, de um bem da União e sem o pagamento de respectivo preço público;[49]

---

[47] Apelação Cível nº 2001.001.05403. 7ª Câmara Cível. Rel. Des. Paulo Gustavo Horta. Tribunal de Justiça do Estado do Rio de Janeiro.
[48] Apelação Cível nº 630.325-5/0-00. 2ª Câmara de Direito Público. Rel. Des. Lineu Peinado, Tribunal de Justiça do Estado de São Paulo.
No mesmo sentido, confira-se: Apelação Cível nº 70002492874. 2ª Câmara Cível. Rel. Des. Arno Werlang, 12-6-2002. Tribunal de Justiça do Estado do Rio Grande do Sul.
[49] Agravo Interno nº 141246/RJ. Tribunal Regional Federal da 2ª Região. 5ª Turma Especializada. Rel. Des. Fed. Antônio Cruz Netto. O referido Agravo fora interposto em face de decisão monocrática da Des. Fed. Vera Lúcia Lima que, recebendo a apelação do

❏ a rodovia e suas faixas de domínio são bens de uso comum do povo, cujo uso especial depende de autorização específica que pode legitimar a cobrança de tarifas atualmente. A passagem transversal de cabos de rede elétrica e a instalação de postes de sustentação na faixa de domínio que já abriga outros postes, dutos e outros equipamentos, inclusive de gás e saneamento básico, certamente implicam análise técnica de complexidade, compatibilidade e permanente fiscalização, inclusive pela respectiva agência reguladora.[50]

Em sentido desfavorável à cobrança por parte da concessionária da rodovia/ferrovia, de outro lado, a jurisprudência se embasa nos seguintes argumentos:

❏ a faixa de domínio deve ser considerada bem de uso comum do povo, não havendo qualquer impedimento tecnológico à instalação das obras de infraestrutura. Além disso, o atual diploma do Código Civil, em seu art. 1.196, definiu possuidor como aquele que não detém plenos direitos em relação à propriedade, mas, tão somente, parciais. Assim, nada impediria que fossem construídos gasodutos que transpassassem a faixa de domínio da ferrovia sem qualquer contraprestação;[51]

---

processo nº 2005.02.01.010449-0, perante a 2ª Vara Federal do Rio de Janeiro, deferiu o pedido de antecipação da pretensão recursal, para determinar que as agravantes se abstivessem de cobrar qualquer contraprestação ou de praticarem ato que, direta ou indiretamente, impedisse ou prejudicasse a implantação e a utilização de dutos de gás na faixa de domínio da rodovia federal BR-101, ao longo da ponte Rio-Niterói.
[50] Nesse sentido, analisando juízo de verossimilhança em sede de provimento liminar, conferir o Agravo de Instrumento nº 596.982-5/1-00, que revogou liminar concedida em cautelar inominada que permitira à agravada realizar obras para a travessia de cabos de rede elétrica sobre rodovia e instalação de postes de sustentação na faixa de domínio. 10ª Câmara de Direito Público. Rel. Des. Teresa Ramos Marques. Tribunal de Justiça do Estado de São Paulo.
No mesmo sentido, também revogando liminar com o mesmo objetivo do relatado acima, conferir o Agravo de Instrumento nº 331.124-5/3-00. 2ª Câmara de Direito Público. Rel. Des. Mariano Siqueira. Tribunal de Justiça do Estado de São Paulo.
Confira-se, também, Agravo de Instrumento nº 98.009287-6. 3ª Câmara Cível. Rel. Des. Silveira Lenzi. Tribunal de Justiça do Estado de Santa Catarina.
[51] Apelações cíveis nos 16.561/2003 e 16.560/2003. 1ª Câmara Cível. Tribunal de Justiça do Estado do Rio de Janeiro.

- a prestação do serviço público concedido não contempla o direito de cobrar de outra empresa, de prestação do serviço público de distribuição e instalação de tubulação de gás no subsolo da faixa de domínio da concessionária, vez que não há previsão no contrato que restrinja a exploração por terceiros dos bens afetos ao serviço, e a passagem de dutos no subsolo não compromete a utilização do bem de uso comum do povo, além de não acarretar qualquer prejuízo à concessionária;[52]
- são ilegais as cobranças de "retribuição pecuniária", por parte dos municípios, por meio de taxa ou preço público, para utilização do solo, subsolo e espaço aéreo do município, por concessionárias de serviço público de energia elétrica. Haja vista que não ocorrendo qualquer serviço específico prestado pelo município, ou mesmo o exercício de sua função de polícia, não seria possível a cobrança de taxa. Seria, ainda, também vedada a cobrança de preço porquanto se trataria de utilização das vias públicas para a prestação de serviço em benefício da coletividade e não existiria um serviço público de natureza comercial ou industrial colocado à disposição da população; se houvesse tal serviço, poderia restar caracterizada causa que justificasse uma remuneração em contrapartida;[53]

No mesmo sentido, a 12ª Câmara Cível do Tribunal de Justiça do Estado do Rio de Janeiro, nos autos da Apelação Cível nº 2006.001.001, por unanimidade, considerou indevida a cobrança pretendida pela concessionária da rodovia/ferrovia, acrescentando que não há, no ordenamento jurídico pátrio, qualquer previsão que autorize tal exação.

[52] Apelação Cível nº 66543/2006. 9ª Câmara Cível. Rel. Des. Joaquim Alves de Brito. Tribunal de Justiça do Estado do Rio de Janeiro. Endossando tal posicionamento, a 16ª Câmara Cível, do mesmo Tribunal, nos autos ao Agravo de Instrumento nº 2005.002.2911, confirmou o direito da concessionária dos serviços de distribuição de gás canalizado no estado do Rio de Janeiro (CEG) de realizar a instalação dos gasodutos.

[53] Foi a manifestação do egrégio Superior Tribunal de Justiça em sede de três recursos especiais, quais sejam: REsp. nº 881.937-RS (Rel. Min. Luiz Fux, 25-3-2008); REsp nº 802.428-SP (Rel. Min. Francisco Falcão, 2-5-2006); e REsp nº 694.684-RS (Rel. Min. Castro Meira, 14-2-2006).

- a faixa de domínio da linha férrea é bem público de uso comum, sendo admissível a sua utilização por outra concessionária, inexistindo a obrigação de pagamento para tanto. Assim sendo, é ilegal "acordo estabelecendo as condições para a ocupação transversal da faixa de domínio, a título precário e oneroso", ou qualquer outro contrato que imponha a outra concessionária qualquer condição para a utilização da faixa de domínio. A concessionária da ferrovia deve se abster da prática de qualquer ato que impeça ou onere a utilização da faixa de domínio, principalmente no tocante a impedir que outra concessionária subscreva o referido acordo ou qualquer outro contrato como condição para utilização da faixa de domínio. Existe a possibilidade da exploração da faixa de domínio alcançando somente o particular, visando a incrementar a receita e a modicidade tarifária para os usuários, sendo este o sentido da cláusula contratual que permite a exploração da faixa de domínio, mas nunca em relação a outra concessionária de serviço público, visto que importará em obstaculizar a passagem subterrânea de duto de outro serviço público. Além disso, a concessionária somente poderia explorá-lo economicamente por meio de autorização de lei especial, pois os bens públicos encontram-se fora do comércio. A concessionária só poderia se opor ao uso de subsolo por terceiro caso comprovasse legítimo interesse, o que na lide em questão resta ausente, pois o transporte férreo utiliza apenas a superfície, e não o subsolo. A cobrança pela utilização do subsolo viola o princípio da supremacia do interesse público quando se trata de prestação de serviço essencial. O contrato de concessão da ferrovia somente a autoriza a obter receita alternativa ou complementar através da propaganda e de serviços para os usuários do transporte ferroviário;
- entre o interesse público de natureza essencial e social, de instalação de redes de energia elétrica, e o interesse financeiro

da autarquia representado pelo Termo de Permissão de Uso Remunerado, prevalece o interesse público de toda a coletividade em ter acesso à energia elétrica, bem de natureza social.[54]

As discussões e polêmicas envolvendo o pedágio

O pedágio consiste, atualmente, na principal fonte de remuneração das concessionárias de rodovias. Nas palavras de Garcia (2004:144), o pedágio "significa o valor pago pelos usuários para cobrir os custos das obras normalmente executadas no início da concessão, a atividade de concessão e operação da rodovia, e os serviços complementares prestados pelo concessionário".

Serve, assim, a conferir o justo lucro pela prestação do serviço ao concessionário, bem como a garantir que os usuários se utilizem do bem, levando-se em conta o princípio da modicidade tarifária.

A polêmica acerca da natureza jurídica do pedágio é grande e divide, principalmente, tributaristas e administrativistas. A indagação consiste em saber se o pedágio possui natureza jurídica de taxa (hipótese em que seria tributo vinculado, cobrado em contraprestação ao exercício de certa atividade estatal, seja esta serviço público ou o exercício do poder de polícia) ou de tarifa (entendimento de acordo com o qual se destinaria a remunerar serviços públicos de fruição voluntária, o que implica, por exemplo, o dever de modicidade tarifária).[55]

O melhor entendimento parece estar no sentido compartilhado por Antônio Amaral (1997:134), Coelho (1998:69) e

---

[54] Agravo de Instrumento nº 70004717310. 1ª Câmara Especial Cível. Rel. Des. Ângela Maria Silveira, 3-4-2003, Tribunal de Justiça do Estado do Rio Grande do Sul.
[55] No ponto, a tarifa difere do preço público, eis que este é fixado sem preocupação com a modicidade e sem ter seus insumos integralmente regulados pelo poder público.

Mello (2000:21-26), que entendem tratar-se de tarifa quando a rodovia é explorada mediante concessão.[56]

Garcia (2004:153) sintetiza o posicionamento:

> O pedágio será taxa quando for instituído pelo próprio Poder Público e tiver como fato gerador para sua cobrança a prestação de serviço público para conservação e manutenção da estrada, razão pela qual não poderia ser criado pedágio com natureza jurídica de taxa para viabilizar a construção (obra pública) de uma rodovia ou mesmo pelo simples uso do bem público. Nesse caso, ou o Poder Público executa a obra com os recursos públicos arrecadados com os impostos ou delega ao particular, por meio de contrato de concessão de serviço público precedido de obra pública (art. 2º, III, da Lei nº 8.987/1995), a tarefa de construir a rodovia, remunerando-se o concessionário mediante cobrança de pedágio (tarifa).

O primeiro ponto polêmico a ser destacado quanto ao tema consiste em notar que a cobrança de pedágio e de IPVA não constitui bitributação. Além de o IPVA ser um imposto e, assim, não ser passível de afetação, independentemente de sua natureza jurídica ser de taxa ou de tarifa, vale conferir manifestação do STF sobre o tema:[57]

> A hipótese de incidência do IPVA é a propriedade de veículos automotores (CF, art. 155, III) e o sujeito passivo do IPVA é o proprietário do veículo. Registre-se: a propriedade do veículo e não o veículo é que se constitui em hipótese de incidência do IPVA. Já a hipótese de incidência do pedágio é a conservação da

---

[56] Quanto a tais entendimentos, confira-se Garcia (2004:149-151).
[57] STF. RE nº 194.862/RS, Segunda Turma. Rel. Min. Carlos Velloso. Julgamento em 4-5-1999.

estrada ou rodovia e ocorre quando da utilização de rodovias federais, pontes e obras de arte especiais que as integram (Lei nº 7.712/88, art. 1º). Contribuinte do pedágio é o usuário de rodovia (Lei nº 7.712/88, art. 2º).

Em sequência, importa destacar que inexiste violação à liberdade de locomoção em virtude da implementação de cobrança de pedágio. Isso porque os direitos fundamentais, não sendo absolutos, podem sofrer limitações. É o que ocorre por meio do pedágio, que não tem o condão de impedir o exercício do direito de liberdade de locomoção, mas, tão somente, o de condicionar tal exercício.

Questão que ronda os tribunais e suscita grande polêmica está em definir se é obrigatória, ou não, a existência de via alternativa à concedida e que seja, ainda, gratuita. Trata-se de ponto intimamente ligado à já abordada questão do exercício do direito fundamental de ir e vir.

De um lado, entende-se que a via alternativa é necessária de modo que, assim, se descaracterize a compulsoriedade do pedágio e, portanto, seja possível caracterizá-lo por tarifa, e não por taxa.[58] E, ainda, que na forma do art. 7º, III, da Lei nº 8.987/1995, ao usuário do serviço público deveria ser permitida a opção entre diversos serviços públicos alternativos.

O STF já decidiu nesse sentido, como se vê abaixo:

> No caso dos autos, resta saber se a rodovia estadual RS-135, que liga Passo Fundo a Erexim, apresenta as características de estrada especial, seja pelas condições de tráfego, seja em face de melhoramentos nela construídos em benefício do usuário, e, principalmente, se os seus usuários têm alternativa para cobrir, com seus

---

[58] Neste sentido, confira-se Silva (2003:693).

veículos, o mencionado trecho, já que, se assim não for, estar-se-á exigindo verdadeiro imposto pela utilização de via pública específica, o que não está ao alcance dos Estados instituir.[59]

Também o fez o STJ, ao definir que "a cobrança de pedágio somente é lícita se houver estrada alternativa gratuita".[60]
De outro lado, argumenta-se que, no que toca à liberdade de escolha facultada pela lei, trata-se, em verdade, não da obrigatória disponibilização de opções entre serviços alternativos, e sim entre prestadores de serviços sob o regime de competição,[61] o que pode não ocorrer em setores de infraestrutura, haja vista que muitas vezes são compostos por verdadeiros monopólios naturais, eis que os altos custos impedem a duplicação de estruturas e, assim, a existência de concorrentes em dado mercado.

A isso se soma a mudança da redação do art. 7º, III, e do §1º do art. 9º da Lei nº 8.987/1995, passando a considerar a obrigatoriedade de serviço alternativo gratuito apenas nos casos expressamente previstos em lei.

Por fim, há que se atentar ao argumento lógico de que, se o Estado não possui condições financeiras para fazer frente à manutenção de uma rodovia, tendo optado por delegar tal mister a um particular, parece ilógico concluir-se que esse mesmo Estado teria que empregar seus escassos recursos na construção/manutenção de uma outra rodovia, por sua vez gratuita.[62]

Passando a outro ponto que envolve o assunto em tela, é preciso analisar a existência de valores diferenciados de pedágio.

Trata-se de tema de suma importância para a formatação de gestão dos contratos de concessão de rodovia, pois modificações

---

[59] STF. ADI nº 800-5 RS. Pleno. Min. Rel. Ilmar Galvão. Julgamento em 26-11-1992.
[60] STJ. REsp nº 200200180470. Min. Rel. Garcia Vieira. Julgamento em 12-11-2002.
[61] Neste sentido, confira-se Amaral (1997:136).
[62] Neste sentido, confira-se Garcia (2004:163).

posteriores na equação inicialmente determinada podem implicar a quebra do equilíbrio econômico-financeiro do contrato.

A cobrança de pedágios diferenciados volta-se a realizar o princípio da isonomia em sua acepção material (tratar os desiguais desigualmente, na medida em que se desigualam) e está prevista no art. 13 da Lei nº 8.987/1995.[63] A condição de diferenciado, por sua vez, deve ser provada por meio de mecanismo antecipadamente previsto, de modo a assegurar sua fruição pelo usuário que preencha os requisitos necessários a tanto.

No âmbito das concessões de rodovia, a utilização da cobrança diferenciada tem sido amplamente utilizada considerando a categoria do veículo e, portanto, seu peso e impacto na via. O Estado do Rio de Janeiro, no entanto, inovou no tema quando da concessão da Via Lagos — rodovia que liga Rio Bonito, Araruama e São Pedro D'Aldeia —, tendo determinado a cobrança de valores diferenciados considerando o dia da semana de que se trate, o que gerou polêmica entre os usuários, eis que se trata de via primordialmente turística e, portanto, de grande movimentação nos finais de semana e feriados.

Garcia (2004:165) registra que o mecanismo da cobrança de valores diferenciados de pedágio é subutilizado, para o que expõe o seguinte:[64]

> No entanto, a utilização destas tarifas diferenciadas poderia ter uma aplicação maior. Um dos principais problemas que tem gerado constante indignação dos usuários é o relativo aos moradores de um determinado Município que trabalham em outra localidade e são obrigados a trafegar diariamente na rodovia para

---

[63] "Art. 13. As tarifas poderão ser diferenciadas em função das características técnicas e dos custos específicos provenientes do atendimento aos distintos segmentos de usuários."
[64] No mesmo sentido, confira-se Borges (2002:719).

exercer o seu ofício. Com a instituição do pedágio, este usuário será impactado financeiramente de forma muito mais sensível do que um usuário que utilize a rodovia ocasionalmente. As situações fáticas são distintas e merecem tratamento jurídico diferenciado, com a previsão de um valor de pedágio reduzido para os usuários/moradores, no que restariam plenamente atendidos a finalidade teleológica do artigo 13 da Lei nº 8.987/95 e o próprio princípio da isonomia.

Ainda no âmbito do retrato das discussões envolvendo o pedágio encontra-se a questão da isenção. Como, em geral, a polêmica neste ponto se deve a interferências legislativas indevidas, opta-se por abordar o ponto no item seguinte.

As interferências dos poderes Judiciário, Executivo e Legislativo

A questão da gratuidade ou isenção do pedágio tem causado graves problemas nas concessões de serviço público e, entre elas, nas rodovias concedidas.

Almeida (2009:100-101) anota sobre o tema:

> Esta espécie de benefício tarifário deve estar inserida na lei, de iniciativa do Poder Executivo, que trata da política tarifária, para que, sempre que possível, as gratuidades possam estar devidamente dimensionadas pelo edital de licitação e contrato. [...] A categoria beneficiada, o critério para a identificação dos beneficiários, a quem compete tal identificação, a vigência, a área geográfica de alcance e como a perda da receita será compensada são pontos que devem estar esclarecidos, a fim de que fique demonstrada a real dimensão da norma. A política de inclusão deve ser fixada de modo transparente para evitar falhas graves na prestação do serviço público ou criar distorções

indevidas. Quando as informações relativas à inclusão já são disponibilizadas desde logo, os licitantes podem formular suas ofertas, segundo a política tarifária disposta, que explicitará as opções autorizadas para a compensação dos valores não arrecadados com as gratuidades. Por exemplo, o art. 230, §2º, da Constituição Federal assegura a gratuidade aos maiores de sessenta e cinco anos nos transportes coletivos urbanos, de modo que a empresa que participar de licitação de concessão de linhas rodoviárias já está ciente que a formação do seu preço deverá absorver este encargo.

Ocorre que, não raro, o Poder Legislativo tem editado leis posteriores à concessão — e, portanto, não compreendidas no escopo sobre o qual se traduz a equação econômico-financeira do contrato —, concedendo gratuidade (isenção) a determinado grupo de usuários de um serviço público, sem indicar a respectiva fonte de custeio a fazer frente à despesa, como, aliás, determina o art. 35 da Lei nº 9.074/1995.[65]

Tal prática desequilibra o contrato e pode representar grave atentado à adequação do serviço prestado pela concessionária.

O Tribunal Pleno do STF já se manifestou sobre o tema:[66]

> Ação direta de inconstitucionalidade. Lei nº 7.304/02 do estado do Espírito Santo. Exclusão das motocicletas da relação de veículos sujeitos ao pagamento de pedágio. Concessão de desconto,

---

[65] "Art. 35. A estipulação de novos benefícios tarifários pelo poder concedente fica condicionada à previsão, em lei, da origem dos recursos ou da simultânea revisão da estrutura tarifária do concessionário ou permissionário, de forma a preservar o equilíbrio econômico-financeiro do contrato.
Parágrafo único. A concessão de qualquer benefício tarifário somente poderá ser atribuída a uma classe ou coletividade de usuários dos serviços, vedado, sob qualquer pretexto, o benefício singular."
[66] STF. ADI nº 2733/ES. Tribunal Pleno. Min. Rel. Eros Grau. Publicação no DJ em 3-2-2006.

aos estudantes, de cinquenta por cento sobre o valor do pedágio. Lei de iniciativa parlamentar. Equilíbrio econômico-financeiro dos contratos celebrados pela administração. Violação. Princípio da harmonia entre os poderes. Afronta.

1. A lei estadual afeta o equilíbrio econômico-financeiro do contrato de concessão de obra pública, celebrado pela Administração capixaba, ao conceder descontos e isenções sem qualquer forma de compensação.

2. Afronta evidente ao princípio da harmonia entre os poderes, harmonia e não separação, na medida em que o Poder Legislativo pretende substituir o Executivo na gestão dos contratos administrativos celebrados.

3. Pedido de declaração de inconstitucionalidade julgado procedente.

Diante disso, ou o benefício restará eivado de vício de inconstitucionalidade — a ser declarada pelo STF ou determinada pelo chefe do Executivo — quanto à sua aplicabilidade no âmbito da administração estadual respectiva, ou será preciso proceder-se ao reequilíbrio da equação econômico-financeira do contrato, na forma do direito constitucionalmente consagrado dos contratantes com a administração (art. 37, XXI, da CF/88).⁶⁷

Recorra-se, novamente, a Almeida (2009:106):

---

⁶⁷ "Art. 37. A administração pública direta e indireta de qualquer dos Poderes da União, dos Estados, do Distrito Federal e dos Municípios obedecerá aos princípios de legalidade, impessoalidade, moralidade, publicidade e eficiência e, também, ao seguinte:
[...]
XXI – ressalvados os casos especificados na legislação, as obras, serviços, compras e alienações serão contratados mediante processo de licitação pública que assegure igualdade de condições a todos os concorrentes, com cláusulas que estabeleçam obrigações de pagamento, mantidas as condições efetivas da proposta, nos termos da lei, o qual somente permitirá as exigências de qualificação técnica e econômica indispensáveis à garantia do cumprimento das obrigações. (Regulamento)"

De toda a sorte, o que não pode prevalecer é o desequilíbrio contratual, com o aumento dos encargos para o concessionário. Até porque a gratuidade em si pode ser classificada como fato do príncipe, motivo tradicionalmente ensejador da revisão contratual, pelo que sua viabilização pode se dar de outras formas, inclusive pelo aumento das tarifas cobradas dos demais usuários.

Outras formas de interferência indevida nos contratos de concessão de rodovias têm partido também do Poder Judiciário e do Poder Executivo.

A judicialização excessiva das questões, por muitas vezes, faz com que o Poder Judiciário acabe por inovar na relação contratual que tutela a gestão da rodovia, fazendo as vezes de gestor do contrato.

Tal postura pode violar a segurança jurídica e o princípio da separação de poderes, não sendo a sede judicial a mais adequada para definir questões situadas no âmbito do contrato celebrado entre concedente e concessionária, podendo vir, inclusive, a representar invasão de reserva administrativa para tratar do tema.

O principal elemento que se precisa ter em conta está em perceber que qualquer interferência indevida no contrato de gestão de rodovia representa risco e, por conseguinte, custo aos usuários.

Não se pense, por exemplo, que uma gratuidade determinada por lei posterior ou pelo Poder Executivo sem a especificação da fonte de custeio deitará seus ônus sobre o concessionário, e questão encerrada. Pelo contrário, tal prática recairá, em última instância, sobre os ombros dos usuários do serviço. Como visto, a concessionária não tem o dever de suportar ônus que desequilibrem a equação econômico-financeira do contrato que ela celebrou quando venceu a licitação que o precedeu.

É ingênuo pensar que o aumento de deveres e obrigações das concessionárias por vias extracontratuais que interfiram no equilíbrio econômico-financeiro do contrato, por meio de ações do Poder Legislativo, Judiciário ou mesmo Executivo, não implicarão igual contrapartida do outro lado da balança, pendendo todo o peso da mudança sobre os usuários do serviço.

Trata-se, como visto, de seara em que os poderes não podem agir de forma inconsequente, desconsiderando o exposto até então.

Há que se notar, por fim, que o risco político configura fator que pode vir a interferir consideravelmente nos contratos de concessão de rodovias.

É de clara percepção que o risco político é dos que mais preocupará a concessionária, principalmente ao se considerar que os contratos de concessão de rodovias são contratos de longa duração e que, de tal forma, perdurarão por diversos mandatos políticos, estando sujeitos ao impacto proveniente das mudanças de orientação política. Diante disso, a maior ferramenta de que se pode valer para assegurar a manutenção de um cenário de estabilidade e previsibilidade razoáveis é a observância à segurança jurídica, ao ato jurídico perfeito.

Ressalve-se, por oportuno, que a segurança jurídica a ser seguida não resulta, contudo, num atar de mãos para a administração. Ou seja: a segurança jurídica não poderá engessar a administração, impedindo-a de realizar ou dispor de qualquer atitude que, em maior ou menor grau, impacte sobre o contratado na concessão. Não pode a administração pública olvidar-se do atendimento ao interesse público, sobretudo ao se considerar a indisponibilidade deste. Não se pode ordenar à administração que se quede inerte sob o argumento de que sua atuação poderá ter consequência indireta em contrato de concessão anteriormente firmado.

Nesse sentido observa Almeida, valendo-se do exemplo de uma concessão rodoviária para clarear a questão:

Há, também, hipóteses em que a vontade política poderá repercutir, indiretamente, no objeto contratado. No caso, por exemplo, de concessão de rodovia em que à época da licitação o Poder Público não sinalizava com a recuperação ou mesmo a construção de via alternativa. Estaria a Administração Pública impedida de oferecer melhoramentos em outra rodovia? Quem deve suportar a perda da receita da concessionária?

A implementação de políticas públicas não pode ser encarada como um risco do Poder Público, de modo que lhe seja impedido a melhoria em rodovia *competidora*, sob pena de lhe recair a responsabilidade de perda da concessionária; afinal, se o contrato não disciplinou a matéria e se o concessionário sabia da existência da via alternativa.

(Almeida, 2006:253, grifo nosso)

O que se pretende alcançar é a garantia de que a confiança legítima do administrado que contratar com o poder público não será desapontada e, do contrário, será considerada em mais alta comenda, estando segura em relação à possível edição de ato contraditório por parte do poder público (*venire contra factum proprium*).

Em caso que ficou famoso e tomou as páginas de jornal, o então governador do estado do Paraná, Roberto Requião, ao assumir o governo, decidiu por retomar, por meio de encampação e desapropriação do controle acionário das concessionárias das rodovias, todas as rodovias concedidas que não acordaram a redução de seus pedágios na forma do proposto pelo governo.[68]

---

[68] Vale conferir notícia a respeito do ocorrido, publicada no site da Agência de Notícias do Estado do Paraná, em 8 de janeiro de 2004:
"O governador Roberto Requião assinou nesta quinta-feira (8) cinco decretos que tornam de utilidade pública, para fins de desapropriação e controle acionário, todas as ações das concessionárias de pedágio que estão se recusando a fechar um acordo com o governo do Estado.

Sem discutir o acerto ou não da postura, é possível afirmar que a mesma representa interferência nos contratos de concessão de rodovia, risco e, por consequência, custos para novas parcerias.

Questões de automonitoramento

1. Após ler o material, você é capaz de resumir o caso gerador do capítulo 6, identificando as partes envolvidas, os problemas atinentes e as soluções cabíveis?
2. Quais são os principais instrumentos contratuais aptos a formalizar a delegação da gestão de uma rodovia ao setor privado?

'É o primeiro passo para a retomada, por parte do governo do Paraná, do controle das nossas estradas', disse Requião. 'Além disso, o DER está entrando com um processo de anulação das concessões por inadimplência dos compromissos contratuais', completou. Ainda segundo Requião, a medida representa o prosseguimento das múltiplas medidas tomadas pelo Governo para moralizar uma situação que considera indefensável. 'O Paraná não aceita mais o absurdo da tarifa do pedágio e nós vamos acabar com isso de uma maneira ou de outra, por todos os caminhos jurídicos possíveis'.

Os decretos assinados pelo governador Roberto Requião representam a postura firme do Governo do Estado em relação ao pedágio no Paraná. 'A medida reflete a intransigência das concessionárias que, apesar de todos os esforços e propostas do Governo, jamais cederam na postura de cobrar valores exagerados da população paranaense prejudicando, inclusive, a economia do Estado', afirmou o governador.

Estatais — De acordo com o assessor jurídico do governo Pedro Henrique Xavier, na prática a medida significa que as concessionárias passarão a ser empresas pertencentes ao Estado, como são a Copel e a Sanepar. 'A desapropriação está amparada na legislação federal e tem como argumento o interesse público, o clamor social', informou. Para obter o controle acionário das concessionárias, o governo do Paraná vai indenizar as empresas. O valor a ser oferecido ainda não está definido. A intenção do governo do Estado é de que, tão logo tenha o levantamento de preços, já seja realizada uma tentativa de um acordo amigável.

'Caso isso não ocorra, o governo vai entrar na justiça com a ação de desapropriação e aquisição do controle acionário das empresas, mediante a declaração de urgência e juntamente com um pedido de liminar', disse ainda Pedro Henrique. 'A nossa previsão é de que tenhamos um desfecho para a questão em 120 dias'. As cinco concessionárias alvos dos decretos são Rodovia das Cataratas, Rodonorte, Viapar, Ecovia e Econorte. A concessionária Caminhos do Paraná ficou fora das medidas por já ter fechado um acordo com o governo do Estado em que reduziu em 30% o valor das tarifas em suas praças de pedágio, localizadas na região de Ponta Grossa e Centro-Sul do Paraná.

3. Como deve ser caracterizado o serviço adequado no âmbito das concessões de rodovia? A modelagem contratual tem implicações outras?
4. Em que consiste a faixa de domínio? É possível cobrar por seu uso?
5. O poder público é obrigado a oferecer uma via alternativa à rodovia concedida, uma vez que esta seja remunerada por pedágio? Identifique os argumentos pró e contra e se posicione a respeito.
6. Pense e descreva, mentalmente, outras alternativas para solução do caso gerador do capítulo 6.

Histórico — As negociações para redução do pedágio foram iniciadas pelo Governo do Estado já nos primeiros meses de 2003. Em abril, o diálogo com as concessionárias já se mostrava difícil, e o secretário chefe da Casa Civil, Caíto Quintana, chegou a declarar que o governo estava 'em seu limite. Às vezes pensamos em desistir das conversas e partir para uma decisão unilateral', afirmou na época fazendo referência à tomada pelo Estado da cobrança de pedágio. Em junho a Assembleia Legislativa recebeu o projeto de encampação, previsto no contrato de concessão.
No mês seguinte, o diálogo ainda se mantinha aberto, mesmo durante a auditoria que o Governo do Estado fazia nas concessionárias, atitude necessária para a encampação. Os resultados dessa auditoria, iniciada em agosto, apontavam que as concessionárias investiram, entre os anos de 1998 e 2000, perto de 10% do valor que arrecadaram com a cobrança de tarifas.
O mês de setembro foi marcado pela divulgação de um suposto estudo da Fundação Getúlio (sic) Vargas, com a marca da Associação Brasileira de Concessionárias de Rodovias (ABCR), que apontava indenização de R$ 3 bilhões a ser paga pelo Estado caso optasse pela encampação. A FGV não reconheceu a autenticidade do estudo.
O caso foi avaliado pelo secretário dos Transportes, Waldyr Pugliesi como 'uma farsa para confundir a população paranaense'. 'A criação dessa nota só comprova o medo que eles têm dos trabalhos que estão sendo realizados pelas comissões de auditoria', disse o secretário em outubro.
No dia 3 de dezembro foi anunciado acordo celebrado entre o Governo do Estado e a Caminhos do Paraná que determinou a redução imediata de 30% do preço cobrado nas praças administradas pela concessionária. 'Ainda mantemos as negociações, não queremos confronto, mas a postura contra o pedágio abusivo é inflexível', declarou na época o governador Roberto Requião, ressaltando que algumas concessionárias ainda precisavam justificar irregularidades apontadas na auditoria, realizada pelo Departamento de Estradas de Rodagem (DER). O governador citou como exemplo de irregularidade a apresentação de notas fiscais frias, adquiridas um ano após a realização da obra." Disponível em: <www.aen.pr.gov.br/modules/noticias/article.php?storyid=7569&tit=Requiao-inicia-processo-de-encampacao-dos-pedagios>. Acesso em: 10 ago. 2010.

3

Contratos no setor de petróleo

Roteiro de estudo

Breve contextualização do tema

A primeira Constituição brasileira a trazer dispositivo legal permitindo que a União, por meio de lei especial, pudesse intervir no domínio econômico foi a Carta de 1946.[69]

Foi com base nesse permissivo constitucional que o então presidente Getúlio Vargas encaminhou ao Congresso Nacional a Mensagem nº 469, que resultou na Lei nº 2.004, de 3 de outubro de 1953. Tal diploma dispôs sobre a Política Nacional do Petróleo e instituiu a Petróleo Brasileiro S. A. (Petrobrás),[70] por

---

[69] Dispunha o art. 146: "A União poderá, mediante lei especial, intervir no domínio econômico e *monopolizar determinada indústria e modalidade*. A intervenção terá por base o interesse público e por limite os direitos fundamentais assegurados nesta Constituição" (grifos nossos).

[70] A sigla da empresa perdeu a acentuação gráfica em 1994, por questões de mercado.

meio da qual a União passou a exercer o monopólio da exploração do mineral.[71]

As áreas de exploração e produção de petróleo no Brasil viveram, por muitos anos, sob o domínio da Petrobras. As políticas inerentes àquela atividade estatal eram definidas pela própria empresa, que agia "isolada do mercado".[72]

Seguindo o disposto na legislação infraconstitucional, a Constituição de 1967[73] constitucionalizou o monopólio petrolífero. A Emenda Constitucional nº 1, de 17 de outubro de 1969, manteve o controle monopolístico da União para desempenhar a pesquisa e lavra do "ouro negro" em território nacional.

No final da década de 1980, como reflexo da crise mundial do petróleo e da escassez de investimentos no setor, a Petrobras passou a firmar os chamados "contratos de risco", que

> se constituíam como contratos de adesão, mediante os quais empresas ou consórcios brasileiros ou estrangeiros prestavam serviços de exploração de petróleo [...]. Os contratos previam que, na fase de produção, a operação ficaria a cargo da Petrobras e que as empresas teriam participação no resultado.
> (Bucheb, 2007:3-4)

Ou seja, a estatal brasileira permanecia com a exclusividade na fase de produção do petróleo, embora pudesse contratar

---

[71] Lei nº 2.004/1953, art. 2º: "A União exercerá o *monopólio* estabelecido no artigo anterior:
[...]
II – *por meio da sociedade por ações Petróleo Brasileiro S. A. e das suas subsidiárias, constituídas na forma da lei, como órgãos de execução*". Cf. Souto (2010, grifos nossos).

[72] "Tanto isso é verdade que todas as decisões, inclusive preços e custos, eram definidas na perspectiva de um agente do mercado, mas que não tinha possibilidade de ver contestadas as suas decisões internas de imposição de políticas." (Jobim, 2005:395).

[73] Art. 162 da Constituição de 1967:
"A pesquisa e a lavra de petróleo em território nacional constituem monopólio da União, nos termos da lei".

os serviços exploratórios de empresas privadas detentoras de tecnologia, que teriam participação nos resultados.

Entretanto, com o advento da Constituição de 1988, que constitucionalizou o texto da Lei Federal nº 2.004/1953 e as competências legais da Petrobras, tal prática contratual passou a ser proibida pelo §1º do art. 177.[74] A única exceção ressalvada tratava dos contratos que já tinham sido celebrados até a promulgação da Carta, nos termos do parágrafo único do art. 45 do Ato das Disposições Constitucionais Transitórias (ADCT).[75] Dessa forma, o Estado brasileiro passava a assumir todos os ônus e riscos das atividades próprias da indústria do petróleo.[76]

No entanto, o final da década de 1990 trouxe a constatação de que o Estado já não mais dispunha, sozinho, de recursos materiais e financeiros para desempenhar as funções que, até então, lhe eram próprias. Ademais, o mercado petrolífero internacional já se mostrava globalizado. Fortalecia-se, assim, a

---

[74] A redação original do art. 177, §1º, da CF/88 era: "*§1º O monopólio previsto neste artigo inclui os riscos e resultados decorrentes das atividades nele mencionadas, sendo vedado à União ceder ou conceder qualquer tipo de participação, em espécie ou em valor, na exploração de jazidas de petróleo ou gás natural, ressalvado o disposto no art. 20, §1º*" [grifos nossos].

[75] Art. 45 do ADCT da CF/88:
"Ficam excluídas do monopólio estabelecido pelo art. 177, II, da Constituição as refinarias estabelecidas no País amparadas pelo art. 43 e nas condições do art. 45 da Lei nº 2.004/53, de 3 de outubro de 1953.
Parágrafo único. Ficam ressalvados da vedação do art. 177, §1º, os contratos de risco feitos com a Petróleo Brasileiro S. A. (Petrobras), para pesquisa de petróleo, que estejam em vigor na data de promulgação da Constituição" [grifos nossos].

[76] Art. 1º da Lei nº 2.004/1953:
"Constituem monopólio da União:
I – a pesquisa e a lavra das jazidas de petróleo e outros hidrocarbonetos fluidos e gases raros, existentes no território nacional;
II – a refinação do petróleo nacional ou estrangeiro;
III – o transporte marítimo do petróleo bruto de origem nacional ou de derivados de petróleo produzidos no País, e bem assim o transporte, por meio de condutos, de petróleo bruto e seus derivados, assim como de gases raros de qualquer origem".

ideia de que o monopólio constitucional não mais garantia a eficiência no setor.[77]

Foi neste contexto histórico que adveio a Emenda Constitucional nº 9, de 9 de novembro de 1995. Sem pôr fim ao monopólio estatal, tal emenda permitiu à União contratar empresas estatais ou privadas para exercer atividades econômicas da indústria do petróleo.[78] Como apontou Leite (2009:36), a "flexibilização" do monopólio permitiu o aporte de recursos privados em um setor que se encontrava limitado pela insuficiência de recursos públicos.

A partir da EC nº 9/1995, qualquer pessoa jurídica, constituída sob as leis brasileiras, poderia participar — por sua conta e risco — das atividades antes monopolizadas pela Petrobras, por meio de certames licitatórios, que avaliariam a capacidade técnica e financeira dos futuros agentes. O Estado, portanto, passaria a dividir com a iniciativa privada os riscos inerentes à indústria do petróleo e do gás natural.[79]

Daí se concluiu que a Petrobras desenvolveria atividade econômica em regime de competição com as empresas privadas, observando, desse modo, o comando do art. 173, §1º da CFRB (base constitucional do princípio da abstenção).[80]

Outrossim, a EC nº 9/1995 exigiu a aprovação de uma lei infraconstitucional que garantisse o fornecimento de derivados

---

[77] Nessa toada, Souto (2010) continua: "Foram, então, aprovadas diversas reformas no ordenamento jurídico, de modo a introduzir espaços para a inversão de recursos privados, em regime de competição, com vistas a ampliar não só os capitais como a eficiência em atividades desenvolvidas em regime de concorrência".
[78] Art. 6º, XIX, da Lei nº 9.478/1997:
"Indústria do Petróleo: conjunto de atividades econômicas relacionadas com a exploração, desenvolvimento, produção, refino, processamento, transporte, importação e exportação de petróleo, gás natural e outros hidrocarbonetos fluidos e seus derivados".
[79] Menezello (2000:45).
[80] Por esse princípio, o Estado não deve exercer atividades econômicas, senão em hipóteses excepcionais, quais sejam: relevante interesse coletivo ou imperativo de segurança nacional, conforme especifica a lei.

de petróleo em todo o território nacional, especificasse as condições das contratações com as empresas e dispusesse sobre a estrutura e atribuições do órgão regulador.[81]

A necessidade de um órgão regulador se deu em virtude de o Estado brasileiro não mais agir como produtor exclusivo de petróleo, vez que, a partir de então, regularia a atividade econômica a ser desenvolvida no setor.[82]

Nesse diapasão, surgiu a Lei nº 9.478, de 6 de agosto de 1997, conhecida como "Lei do Petróleo", que dispõe sobre a política energética nacional, as atividades relativas ao monopólio do petróleo, institui o Conselho Nacional de Política Energética (CNPE) e a Agência Nacional de Petróleo, Gás Natural e Biocombustíveis (ANP).

Passou-se a adotar, então, o regime das concessões — em que pese não haver qualquer determinação legal nesse sentido no §1º do art. 177 da CFRB:[83] os contratos de concessão são firmados entre as empresas petrolíferas e a ANP, de modo que àquelas é conferido o direito de exploração e produção do petróleo e do gás natural.[84]

---

[81] Menezello (2000:43).
[82] Aragão (2002c:16) ensina que "a regulação estatal da economia é o conjunto de medidas legislativas, administrativas e convencionais, abstratas ou concretas, pelas quais o Estado, de maneira restritiva da liberdade privada ou meramente indutiva, determina, controla, ou influencia o comportamento dos agentes econômicos, evitando que lesem os interesses sociais definidos no marco da Constituição e orientando-os em direções socialmente desejáveis"
[83] Souto (2010) acredita que tal tarefa tenha sido delegada ao legislador ordinário. Contudo, tal opção legislativa reflete a evolução do Estado no que se refere à possibilidade e necessidade de sua atuação.
[84] De acordo com Oliveira (2010), "no mundo são utilizados basicamente 4 (quatro) modelos de regime de atividades de E&P: a *concessão* (*license*), *acordo de participação*, *partilha de produção* e o *acordo de serviço* (prestação de serviço). Não existe utilização pura de um modelo, e costumam ter grande distinção de país para país. Ou seja, a concessão de um país pode ter características bastante diferentes da concessão de outro. A distinção entre os modelos é feita com a identificação de características chaves de cada um deles. Antes de se dizer qual é o modelo adotado por um determinado país é preciso que se esclareça qual é a característica que se considera marcante para, somente depois,

Apresentação da legislação

De acordo com Aragão (2001:610),

> as normas aplicáveis às atividades petrolíferas são, em uma primeira escala, as constantes da Constituição e da Lei do Petróleo — Lei nº 9.478/1997. Em seguida, há os regulamentos presidenciais, do Conselho Nacional de Política Energética e da ANP.

Como mencionado anteriormente, deve-se considerar, primeiramente, o disposto no art. 177[85] da Constituição de 1988. Tal dispositivo determina que seja monopólio da União a pesquisa e a lavra das jazidas de petróleo e gás natural e outros hidrocarbonetos fluidos, a refinação do petróleo nacional ou estrangeiro, a importação e exportação dos produtos e derivados básicos e o transporte marítimo do petróleo bruto de origem nacional ou de derivados básicos de petróleo produzidos no país. Releve-se, ainda, o §1º do referido artigo, o qual permite à União contratar com empresas estatais ou privadas para a realização da exploração e produção de petróleo e gás natural, observadas condições a serem previstas em lei.

Para disciplinar as contratações de empresas (sejam estas estatais ou privadas) a serem firmadas pela União e para a criação da ANP foi promulgada a Lei nº 9.478/1997 (Lei do Petróleo), a ser discutida em tópico próprio.

Em relação aos regulamentos presidenciais, do Conselho Nacional de Política Energética e da ANP, anotem-se as palavras de Sundfeld (2000:386):

---

chamar o modelo de concessão, de acordo de participação, de partilha de produção ou de acordo de serviço".

[85] Importante destacar que o art. 176 da CF/88 é a norma geral do direito minerário, enquanto o art. 177 do mesmo diploma trata, especificamente, do petróleo. Portanto, os dois devem ser aplicados conjuntamente, observada a especialidade deste último.

O papel dos regulamentos presidenciais ficou reduzido, em função da outorga de parte dos poderes normativos à agência. Mesmo assim, há regulamentos sobre a estruturação e funcionamento da Administração (o Conselho Nacional de Política Energética é objeto do Dec. nº 2.457; e a Agência Nacional do Petróleo do Dec. nº 2.455, ambos de 1998; o procedimento sancionatório da ANP no exercício da regulação é tema do Dec. nº 2.953, de 1999), sobre as participações financeiras governamentais na exploração do petróleo e gás (Dec. nº 2.705, de 1998) e sobre a exportação do petróleo, derivados e gás (Dec. nº 2.705, de 1998).

O mais são portarias da ANP, editadas com o poder normativo para regulação conferido pela Lei do Petróleo e versando assuntos como a licitação de blocos para exploração de petróleo, a construção e operação de refinarias, as instalações de transporte, o direito de uso de gasoduto alheio, e assim por diante.

Considerações sobre a Agência Nacional do Petróleo, Gás Natural e Biocombustíveis (ANP)

Inicialmente, cumpre-nos atentar para o fato de a ANP não ser mais chamada de "Agência Nacional do Petróleo". A alteração da nomenclatura foi promovida pela Lei nº 11.097/2005.

Feito esse apontamento, verifica-se que a Agência Nacional do Petróleo, Gás Natural e Biocombustíveis (ANP), integrante da administração federal indireta, submetida ao regime autárquico especial, atua como órgão regulador da indústria do petróleo, vinculada ao Ministério de Minas e Energia (art. 7º da Lei nº 9.478/1997).

A natureza jurídica de "autarquia especial" explica-se pela necessidade de atuar com poderes típicos do Estado, limitando a atividade desenvolvida em regime de liberdade (Souto, 2005b:244). Trata-se de agência reguladora independente, que dispõe de alta competência técnica e independência decisória, cuja diretoria (órgão colegiado — art. 11 da Lei do Petróleo) dita regras de comportamento aos operadores (função normativa), fiscaliza-os (função fiscalizatória), aplica-lhes sanções e formula propostas ao Parlamento e ao governo.[86] Além disso, a ANP promove a contratação das empresas prestadoras de serviços da indústria do petróleo, devendo, portanto, promover a realização de certames licitatórios para outorga dos contratos de concessão.[87]

Breves comentários acerca do poder normativo da ANP

Mister salientar que o poder normativo da ANP, a despeito de tratar-se de tema controverso,[88] encontra previsão constitucional no art. 177, §2º, III, da CFRB.

Esclarece Aragão (2001:612) que

---

[86] Para saber mais sobre agências reguladoras independentes, cf. Aragão (2002b).

[87] Vale lembrar que apenas as atividades de exploração e produção de petróleo são submetidas ao certame licitatório e são realizadas mediante a assinatura de um contrato de concessão, que será analisado mais à frente neste trabalho.

[88] Tenha-se em mente as pesadas críticas feitas pela doutrina no sentido de que as agências reguladoras não previstas pela Constituição (ou seja, todas que não a ANP e a Aneel) não têm poder regulamentar ou normativo algum, posto que privativo do chefe do Poder Executivo. Os efeitos de suas normas deveriam se limitar ao âmbito interno das próprias entidades reguladoras. Por todos, cf. Di Pietro, (2001b:89, 397). Em sentido inverso, Souto (2005b:29-30) esclarece que "a função regulamentar tem sede constitucional distinta da função reguladora, conforme se vê dos artigos 84, IV, e 174 da Constituição Federal; a agência reguladora, como se verá, é apenas uma estrutura possível para o exercício da regulação; a sede constitucional não foi atribuída à agência, mas, sim, à segmentação de um mercado específico (distinguindo-o dos demais mercados abrangidos pelo art. 173, §4º, onde se vê a expressão no plural) [...] Cabe explicitar que a existência de entidades de regulação nos setores de telecomunicações e petróleo (outrora em monopólio absoluto) foi uma imposição constitucional; não há, no entanto, limites a que se criem órgãos ou entidade reguladoras, com a integralidade das competências regulatórias, em outros setores. Quanto aos não contemplados na Constituição, deixou-se a critério do legislador ordinário tal discricionariedade legislativa". Nesse mesmo sentido entendeu o STJ, no julgamento do REsp 806304/RS: "a regulação das atividades *pro populo* exercida pelas agências reguladoras, mediante normas secundárias, como, v.g., as Resoluções, são impositivas para as entidades atuantes no setor regulado".

as leis atributivas de poder normativo às entidades reguladoras independentes possuem baixa densidade normativa, a fim de propiciar o desenvolvimento de normas setoriais aptas a, com autonomia e agilidade, regular a complexa dinâmica da realidade social subjacente. Ademais, recomenda-se que propiciem à Administração a possibilidade de, na medida do possível, atuar consensualmente, com alguma margem de negociação, junto aos agentes econômicos sociais implicados.

Veja, portanto, que a Lei nº 9.478/1997 (Lei do Petróleo) configura-se como lei-quadro (ou estandardizada),[89] própria dos assuntos de grande complexidade técnica ou suscetíveis de constantes mudanças, como é a atividade petrolífera, que não dá início a uma normatização completa e exaustiva da matéria.

O diploma legal petrolífero estabelece parâmetros e objetivos gerais da regulação a ser exercida pela ANP. Ou seja, nas palavras de Aragão (2006a:3-4), "à ANP foi conferido amplo poder criativo de, interpretando e integrando a Lei, desenvolver os seus objetivos maiores, muito além de estar apenas executando determinado inciso ou alínea legal".

Nesse passo, a agência deverá editar normas que busquem "preservar o interesse nacional" (art. 1º, I), "valorizar os recursos energéticos" (art. 1º, II), "promover a livre concorrência" (art. 1º, IX), "atrair investimentos" (art. 1º, X), "ampliar a competitividade do país" (art. 1º, XI), "promover o aproveitamento racional dos recursos energéticos do país" (art. 2º, I), assegurar

---

[89] Segundo Bielsa (1961, apud Aragão, 2006a), "o standard jurídico constituiu uma maneira de solução de conflitos de interesses na qual o aplicador da lei adota diretivas como normas de conduta, que lhe permitem resolver o caso com sentido de justiça considerando os fatores econômicos, sociais e até mesmo morais existentes dentro da norma legal e de princípios de aplicação flexível. Há nele uma boa dose de empirismo e pragmatismo. A equidade quase sempre está neste tipo de decisão, e a eficiência será maior quanto for a flexibilidade institucional".

o suprimento de insumos energéticos (art. 2º, II, e art. 8º, I), proteger "os interesses dos consumidores" (art. 8º, I, *in fine*), atender "às melhores práticas da indústria internacional do petróleo" (art. 44, VI) etc.

Quanto ao controle do Poder Judiciário (por força do princípio da unidade de jurisdição) e do Tribunal de Contas sobre a atuação normativa da ANP, entende-se que só deverá ser assegurado

> nas hipóteses em que a decisão tomada for, fora de qualquer dúvida hermenêutica, irrazoável, ou seja, quando se encontrar em uma zona de certeza negativa (não meramente nebulosa, em que duas ou mais interpretações poderiam ser igualmente consideradas razoáveis) de cumprimento da Lei.
>
> (Aragão, 2006a:5)

Aragão (2006a:4-5) conclui:

> Na determinação dos meios para a realização dos fins da Lei do Petróleo e da Política Nacional do setor (ex.: art. 8º, incisos I, IX, e X), a Agência possui, via de regra, ampla margem de discricionariedade, não só para a emissão de normas gerais e abstratas, como para a fixação das cláusulas dos contratos de concessão e dos termos das autorizações. A margem de normatização da Agência é, no entanto, menor nos casos em que a própria Lei houver predeterminado os meios (leia-se, as normas e cláusulas) das quais deverá se valer para atendimento dos objetivos nela fixados.[90]

---

[90] Souto (2004b:91) adverte no sentido de que a intervenção regulatória exercida pela ANP deve pautar-se, substancialmente, na observância das melhores práticas da indústria do petróleo, sendo vedada a intervenção baseada em critérios políticos, aos quais o regulador não está legitimado.

O poder de a ANP elaborar e celebrar contratos de concessão

Nos termos do *caput* do art. 8º da Lei do Petróleo, a ANP foi incumbida de promover a contratação dos serviços a serem prestados no bojo das atividades integrantes da indústria do petróleo, gás natural e biocombustíveis.

Por todas as características da Lei nº 9.478/1997, não se poderia esperar que ela dispusesse ou trouxesse todas as cláusulas a serem adotadas nos contratos de concessão firmados pela ANP. De todo o contrário, a ela foi conferido amplo poder criativo. Nesse sentido, ensina Aragão (2006a:4-6):

> Vemos assim, que a Agência Nacional do Petróleo — ANP possui amplo poder para criar cláusulas dos contratos de concessão e dos respectivos editais de licitação, tanto pela atribuição desse poder pela Lei do Petróleo, que concomitantemente estabelece os princípios a serem seguidos neste mister (legalidade como conformidade material), como porque, nessa atividade, a Agência não está limitando a esfera jurídica dos particulares, mas, ao revés, a está ampliando (legalidade como preeminência da lei), considerando que, com a concessão, o particular passa a ter direitos dos quais não era titular apenas por força da sua livre iniciativa, ou seja, são direitos que se encontravam fora do comércio.
>
> [...] Podemos afirmar que o poder de a Agência Nacional do Petróleo — ANP fixar as cláusulas dos contratos de concessão deverá, malgrado a sua inegável amplitude, se basear nos princípios do Estado Democrático de Direito e da Administração Pública, notadamente nos princípios da proporcionalidade/razoabilidade e da eficiência/economicidade, restringindo os direitos e interesses dos particulares ou deixando de reconhecê-los, apenas na medida em que a restrição for o meio menos oneroso capaz de atingir com eficiência os fins públicos legitimamente almejados.

> [...] O contrato é fonte originária de obrigações e direitos do particular e de poderes e de sujeições da Administração Pública, integrando os editais de licitação e os contratos de concessão *de per se* o marco regulatório da Indústria do Petróleo.
>
> As leis não são as únicas fontes imediatas de direitos e obrigações. O ordenamento jurídico deixa espaço livre de autonomia para os sujeitos jurídicos estabelecerem voluntariamente vínculos entre si, com obrigações oriundas, não da lei, mas do acordo de vontades.
>
> Ora, não parece adequado sustentar que esta faculdade negocial jus-genética deixe de existir *tout court* quando uma das partes for o Estado. Em primeiro lugar, como a concessão pressupõe adesão voluntária do privado, não há invasão da esfera jurídica individual; em segundo lugar, em sendo assim, não há razão para se retirar do Estado o acordo de vontades como um instrumento que, a par da lei, também se presta à realização dos interesses públicos, caracterizando-se, assim, "o contrato de concessão como uma espécie de fonte de legalidade administrativa inter partes" [Valdez, 2002:457]. "O acordo de vontades como criador de regras jurídico-administrativas faz do sujeito ordinário parte ativa da definição e realização do interesse público e cria em primeiro plano verdadeiras relações jurídicas — inclusive de longa duração — baseadas naquelas regras" [Alfonso, 2003:15].

Ressalva importante faz o autor quando da análise da possibilidade de a ANP poder editar normas que contrariem o contrato de concessão:

> Entendemos que as cláusulas dos contratos que forem oriundas diretamente da lei (por exemplo, as previstas no art. 44 da Lei do Petróleo) não podem ser atingidas por normas regulamentares anteriores ou posteriores. Mas as cláusulas que advieram tão somente do poder regulatório da ANP de elaboração dos

editais e das minutas de contrato (art. 8º, IV) poderão, dentro do princípio do *Trial and error* das políticas públicas, ser proporcional, motivada e razoavelmente adequadas às contingências. Sempre observados os objetivos fixados pela Lei e pelo Conselho Nacional de Política Energética.

(Aragão, 2001:615)

As "boas práticas da indústria do petróleo"

As "boas práticas internacionais da indústria do petróleo" (art. 44, VI, da Lei do Petróleo) desempenham importante papel na definição das opções corretas e das interpretações razoáveis a serem realizadas pela ANP na implementação do modelo de mercado e de atração de investimentos estabelecido pela EC nº 9/1995.

Para Menezello (2000:137), as boas práticas da indústria e do comércio "são amplamente conhecidas e decorrem das recentes normalizações internacionais ou de usos consagrados, com qualidade e eficiência para todos os envolvidos, proporcionando uma evolução constante das técnicas e dos conhecimentos científicos".

Souto (2004b:100) completa dizendo que essas práticas

> são aquelas aplicadas mundialmente por operadores "prudentes e diligentes", visando à garantia da conservação dos recursos naturais, o emprego de técnicas de maximização dos resultados, a segurança operacional e a preservação ambiental e dos recursos naturais.

Logo, pode-se concluir que, por força do art. 44, VI, da Lei do Petróleo, a ANP não pode

> refutar a incorporação ao contrato de concessão de cláusulas que reflitam as "boas práticas internacionais da indústria do

petróleo", [...] salvo se não houver, com base em qualquer juízo hermenêutico razoável de outros dispositivos da Lei do Petróleo e da Constituição Federal, espaço deixado para a Agência incorporá-las, seja na integração [...], seja na interpretação da Lei. Em outras palavras, as "boas práticas" só podem deixar de ser acolhidas nas concessões se forem contrárias à Lei ou à Constituição.

(Aragão, 2006a:10)

Os contratos de concessão de petróleo e gás natural[91]

O art. 23 da Lei do Petróleo estabelece que as atividades de exploração, desenvolvimento e produção de petróleo e de gás natural serão exercidas mediante contratos de concessão.

Como é sabido, a realização de licitação é a regra nas contratações promovidas por entidades da administração pública (arts. 22, XXVII, e 37, XXI, da CF/88).

Por isso um contrato de concessão só poderá ser firmado após a realização de regular procedimento licitatório para a escolha da melhor proposta.

Questão controvertida refere-se à aplicação, ou não, das normas da Lei nº 8.666/1993 (Lei Geral de Licitações e Contratos Administrativos) à licitação para a concessão das atividades da indústria do petróleo.

Souto (2004b:98-99) é categórico ao afirmar que tal aplicação não é possível, vez que o campo de incidência da Lei nº 8.666/1993[92] abarca somente os contratos de obras, serviços,

---

[91] A ANP o denomina "Contrato de concessão para exploração, desenvolvimento e produção de petróleo e gás natural" e seu modelo está disponível em <www.brasil-rounds.gov.br/arquivos/Editais/Modelo_Contrato_R10_%2030Out08.pdf>. Acesso em: 11 ago. 2010.
[92] Nesse mesmo sentido, é entendimento do TCU: "A licitação para a concessão destas atividades segue o disposto na Lei nº 9.478/97, na regulamentação expedida pela ANP

compras e alienações.[93] Já Aragão (2006a:22) entende que a Lei Geral de Licitações e Contratos é de aplicação subsidiária a todos os setores da administração pública que possuam legislação específica.

Do edital de licitação trata o art. 37 da Lei do Petróleo. O instrumento de convocação será acompanhado da minuta básica do contrato e indicará, de maneira obrigatória, o bloco objeto da concessão, definido pela ANP, por força do §1º do art. 23, da Lei nº 9.478, bem como o prazo estimado para a duração da fase de exploração, os investimentos e programas exploratórios mínimos.

O edital deve dispor, também, sobre os requisitos técnicos, econômicos e jurídicos a serem exigidos dos concorrentes, os

---

e no respectivo edital (arts. 2º e 36 da Lei nº 9.478/97). Da regulamentação expedida pela ANP, destaca-se a Portaria nº 6, de 12-1-1999, que aprovou os procedimentos a serem adotados nas licitações previstas na mencionada Lei. Deve ser ressaltado que não se aplicam a essas licitações nem a Lei nº 8.666/93 (a lei geral de licitações) nem a Lei nº 8.987/95 (lei de concessões), visto que o art. 23 da Lei nº 9.478/97, já mencionado, dispõe que a licitação para a concessão das atividades relativas a petróleo e gás natural devem obedecer ao disposto nesta lei" (Decisão nº 493/1999. TCU. Plenário. DC-0493-33/99-P. Processo 005.109/1999-0. DOU 13-8-1999).

[93] Segundo o autor, o STF decidiu no mesmo sentido (Informativo nº 119): "Concluído o julgamento de medida liminar em ação direta requerida pelo Partido Comunista do Brasil — PC do B, pelo Partido dos Trabalhadores – PT, pelo Partido Democrático Trabalhista – PDT e pelo Partido Socialista Brasileiro – PSB, contra dispositivos da Lei 9.472/97 (Lei Geral de Telecomunicações), que dispõe sobre a organização dos serviços de telecomunicações, a criação e funcionamento de um órgão regulador e outros aspectos institucionais, nos termos da Emenda Constitucional 8/95 (v. Informativo 87). O Tribunal, por votação majoritária, acompanhando o voto do Min. Nelson Jobim, indeferiu o pedido de suspensão cautelar de eficácia concernente ao art. 210 da Lei 9.472/97 ('As concessões, permissões e autorizações de serviço de telecomunicações e de uso de radiofrequência e as respectivas licitações regem-se exclusivamente por esta Lei, a elas não se aplicando as Leis 8.666, de 21 de junho de 1993, 8.987, de 13 de fevereiro de 1995, 9.074, de 7 de julho de 1995, e suas alterações.'). *Considerou-se que o dispositivo impugnado não afasta a exigência de licitação, mas apenas estabelece para os serviços de telecomunicações um procedimento licitatório específico, previsto na própria Lei 9.472/97, tendo em conta a natureza destes serviços.* Vencido o Min. Marco Aurélio, relator, sob o entendimento de que a CF, ao atribuir à União Federal competência para legislar sobre normas gerais de licitação e contratação (CF, art. 22, XXVII), não autoriza estabelecer normas particularizadas para determinadas modalidades de serviços" [grifos nossos].

critérios de pré-qualificação, as participações governamentais mínimas e a participação dos superficiários.

Ainda, o instrumento deverá relacionar quais documentos são exigidos e os critérios a serem seguidos para aferição da capacidade técnica, da idoneidade financeira e da regularidade jurídica dos interessados, bem como para o julgamento da proposta.

Por fim, deve trazer expressa indicação de que caberá ao concessionário o pagamento das indenizações devidas pelas desapropriações ou servidões necessárias ao cumprimento do contrato, além de indicar o prazo, local e horário em que serão fornecidos, aos interessados, os dados, estudos e demais elementos e informações necessários à elaboração das propostas e o custo de sua aquisição.

Quando admitida a participação de empresas em consórcio ou quando empresa estrangeira concorrer isoladamente no certame, outras exigências terão de ser previstas no edital.[94]

---

[94] Lei nº 9.478/1997:
"[...]
Art. 38. Quando permitida a participação de *empresas em consórcio*, o edital conterá as seguintes exigências:
I – comprovação de compromisso, público ou particular, de constituição do consórcio, subscrito pelas consorciadas;
II – indicação da empresa líder, responsável pelo consórcio e pela condução das operações, sem prejuízo da responsabilidade solidária das demais consorciadas;
III – apresentação, por parte de cada uma das empresas consorciadas, dos documentos exigidos para efeito de avaliação da qualificação técnica e econômico-financeira do consórcio;
IV – proibição de participação de uma mesma empresa em outro consórcio, ou isoladamente, na licitação de um mesmo bloco.
Art. 39. O edital conterá a exigência de que a empresa estrangeira que concorrer isoladamente ou em consórcio deverá apresentar, juntamente com sua proposta e em envelope separado:
I – prova de capacidade técnica, idoneidade financeira e regularidade jurídica e fiscal, nos termos da regulamentação a ser editada pela ANP;
II – inteiro teor dos atos constitutivos e prova de encontrar-se organizada e em funcionamento regular, conforme a lei de seu país;
III – designação de um representante legal junto à ANP, com poderes especiais para a prática de atos e assunção de responsabilidades relativamente à licitação e à proposta apresentada;

O julgamento da licitação identificará a proposta mais vantajosa, com fiel observância dos princípios da legalidade, impessoalidade, moralidade, publicidade, eficiência e igualdade entre concorrentes.

Ressalta-se, por obrigatório, que a proposta vencedora nem sempre representa a de maior valor ofertado, e sim aquela que oferece um conjunto de condições técnicas e financeiras que leve a ANP concluir ser ela a melhor, observando os parâmetros do edital.

O objeto de concessão

A Constituição brasileira de 1988 disciplina, por si só, diversos aspectos relativos ao petróleo, detalhando, mesmo que minimamente, alguns aspectos da concessão de exploração de jazidas,[95] que são bens públicos[96] titularizados pela União.[97]

IV – compromisso de, caso vencedora, constituir empresa segundo as leis brasileiras, com sede e administração no Brasil.
Parágrafo único. A assinatura do contrato de concessão ficará condicionada ao efetivo cumprimento do compromisso assumido de acordo com o inciso IV deste artigo" [grifos nossos].
[95] Art. 6, XI, da Lei do Petróleo: "Jazida é reservatório ou depósito já identificado e possível de ser posto em produção".
[96] Ressalta-se que somente podem ser enquadrados no conceito de "bem público" aqueles sob titularidade de entes e entidades estatais revestidas de personalidade de direito público. Os bens das empresas públicas, de outra forma, são regidos pelas normas de direito privado.
[97] CF/88:
"Art. 20. São bens da União:
[...]
V – os recursos naturais da plataforma continental e da zona econômica exclusiva;
VI – o mar territorial;
[...]
IX – os recursos minerais, inclusive os do subsolo. [...]"
Ver, também, o art. 176, *caput*: "As jazidas, em lavra ou não, e demais recursos minerais e os potenciais de energia hidráulica constituem propriedade distinta da do solo, para efeito de exploração ou aproveitamento, *e pertencem à União, garantida ao concessionário a propriedade do produto da lavra*" [grifos nossos].

De acordo com Souto (2004b:93), os blocos de petróleo não são nem bens de uso comum do povo nem de uso especial, mas bens que podem ter uma exploração econômica, como os bens dominicais.[98] Quanto à utilização, enquadram-se na modalidade de uso especial, já que há alteração de seu estado natural e limitação de seu uso por terceiros.

A União, portanto, é a única legitimada a explorar a lavra das jazidas de petróleo no cenário econômico brasileiro, podendo, conduto, conceder a exploração da atividade a particulares, por meio da ANP.[99]

Anote-se que a jazida (ou o bloco),[100] como bem público, sempre será da União, existindo em favor do concessionário somente direito de explorar atividade econômica,[101] garantida a propriedade sobre o produto da lavra.[102]

---

[98] A respeito de bens dominicais, Meirelles (1998:433) ensina: "Tais bens integram o patrimônio do Estado como objeto de direito pessoal ou real, isto é, sobre eles a Administração exerce poderes de proprietário, segundo os preceitos de direito constitucional e administrativo". No STF, acompanhando este entendimento, veja-se o Ag. Reg. no RE 140.254 (Rel. Min. Celso de Mello), sustentando posição contrária — a de que as jazidas de petróleo seriam bens públicos de uso especial (cf. Bucheb, 2007:6-7).

[99] Nesse sentido, anote-se a lição de Souto (2004b:94): "No caso das riquezas do subsolo, a propriedade é da União, mas sua gestão é atribuída ao agente regulador criado para tanto". Nesse sentido, estabelece o art. 21 da Lei do Petróleo:
"Art. 21. Todos os direitos de exploração e produção de petróleo e gás natural em território nacional, nele compreendidos a parte terrestre, o mar territorial, a plataforma continental e a zona econômica exclusiva, pertencem à União, cabendo sua administração à ANP".

[100] "Este direito de exploração, em vista de não ter por objeto parte física, mas incidir sobre ela apenas mediatamente, isto é, nos termos em que o proprietário-monopolista permite e concede parcela do poder de fruição, faz com que seja juridicamente inimaginável a existência de concessão de bloco em sentido próprio, até porque será apenas de uma ínfima parte do bloco — a jazida, se vier a ser encontrada — que se poderá extrair os bens visados pelo concessionário" (Aragão, 2006a:15).

[101] Art. 5º da Lei do Petróleo: "As atividades econômicas de que trata o artigo anterior serão reguladas e fiscalizadas pela União e poderão ser exercidas, mediante concessão ou autorização, por empresas constituídas sob as leis brasileiras, com sede e administração no País".

[102] Art. 26, *caput*, da Lei do Petróleo: "A concessão implica, para o concessionário, a obrigação de explorar, por sua conta e risco e, em caso de êxito, produzir petróleo ou gás natural em determinado bloco, conferindo-lhe a propriedade desses bens, após extraídos,

Conclui Aragão (2006a:17):

> Não se trata de contrato de outorga de blocos, de área, mas de outorga de direitos de explorar, direitos estes que têm por sujeito passivo a União monopolista, através da Agência Nacional do Petróleo, que concede direito de exercício de atividade que é sua. A peculiaridade da atividade é que exige circunscrição espacial fisicamente delimitada para poder ser exercida, já que seria de difícil operacionalização, por exemplo, uma concessão de explorar todas as jazidas de gás com determinadas características existentes no País. Diferentemente de outras atividades econômicas, é de conveniência quase indispensável que os direitos oriundos destes contratos, praticados neste setor do mercado, se refiram a alguma base física, numa tensão para o concreto.

Natureza jurídica da concessão petrolífera

Quanto à natureza dos denominados contratos petrolíferos, há divergência entre os doutrinadores. Segundo Valois (2000, apud Aragão 2006a:20),

> A doutrina se posiciona das mais variadas formas, desse modo, há quem diga que o referido contrato tem natureza de: concessão

---

com os encargos relativos ao pagamento dos tributos incidentes e das participações legais ou contratuais correspondentes". Há na doutrina quem entenda pela inconstitucionalidade deste artigo, vez que o inciso I e o §2º, III, do art. 177 da CF/88 não preveem a transferência do produto da lavra ao concessionário. Cf. voto do Ministro Carlos Britto no bojo da ADI 3273/05: "são recursos passíveis de ter a sua pesquisa e lavra, ou sua exploração e aproveitamento, realizáveis por via de autorização ou concessão (art. 176 e seu §1º), mas agora sem a possibilidade transferência do produto da lavra para o concessionário, por ser essa transferência incompatível com o regime de monopólio a que se referem o inciso I do art. 177 e o §2º, inciso III, desse mesmo artigo". O tribunal por maioria, entretanto, entendeu ser constitucional o conteúdo do art. 26.

de serviços públicos, serviços de utilidade pública, exploração de bem público, acordo de desenvolvimento econômico, de exploração de atividade econômica e até de relação regida pelo Direito Internacional.

Registre-se, por primeiro, a opinião de Marcos Juruena Villela Souto. O doutrinador entende que os contratos de concessão petrolífera não são contratos administrativos, embora sejam da espécie contratos da administração, vez que, nesse caso, a administração pública não desenvolve serviços públicos ou administrativos. Tampouco são contratos de direito privado, porque, tendo a administração como contratante, os interesses público e privado não se equivalem. Para ele, trata-se, então, *de contratos de intervenção do Estado no domínio econômico*, ou, simplesmente, *contratos de direito econômico*, já que são celebrados

> para desempenho de uma competência federal de fomentar a criação de um mercado e a competição nesse cenário, com vistas à eficiência num determinado segmento da economia, que, pela sua relevância, justificou a atividade regulatória e a instituição de um agente regulador.
> [...]
> A novidade dos contratos decorre de sua inexistência na era do monopólio, surgindo da necessidade de se instituir um mercado para sair do monopólio para a livre concorrência, o que é papel da regulação.
> (Souto, 2004b:97)

Nesta linha de raciocínio, não se pode falar em "estabilidade" do contrato de concessão, pois está presente o poder do contratante de interferir na sua execução, verdadeira cláusula de direção do contrato, característica dos contratos administrativos.

Isso, frise-se, não transforma o contrato de direito econômico em contrato administrativo. Naquele, a decisão sobre as questões de comercialidade ou não cabem ao concessionário, ainda que este as tome submetendo-as ao prévio exame do concedente, que tem o dever de maximizar o potencial de exploração do bem público, conciliando o desenvolvimento econômico com a preservação ambiental e dos recursos naturais. O concedente, por sua vez, não interfere discricionária ou imotivadamente, mas sempre orientado por critérios técnicos justificados com base nas melhores práticas da indústria do petróleo.

(Souto, 2004b:101)

Ademais, a classificação como *contrato de direito econômico* permite que as controvérsias judiciais possam ser prevenidas pela arbitragem.[103]

De maneira diferente entende Menezello (2000:126), para quem os contratos de concessão de exploração de petróleo e gás devem ser caracterizados como *contratos de direito administrativo*, eis que a administração contrata com o particular ou outra entidade pública, sob condições estipuladas por ela, a fim de atender o interesse público qualificado.

Nessa esteira, a autora entende ser possível a previsão de cláusulas exorbitantes nos contratos de concessão ora tratados, uma vez que na Lei do Petróleo há previsão para as "cláusulas essenciais", presentes em seu art. 43. Aceita, ainda, que se apliquem os princípios gerais de direito e o direito privado, já que nesse tipo de contrato há questões que podem ser negociadas

---

[103] Em sentido contrário à possibilidade de as agências reguladoras se tornarem cortes arbitrais, veja opinião de Câmara (2002:154): "O motivo dessa absoluta impossibilidade é, em verdade, bastante simples: a arbitragem é, por definição, uma atividade que se desenvolve à margem do Estado. É um método paraestatal (ou não estatal) de composição de conflitos. [...] Basta este fundamento para que se verifique o acerto da conclusão anteriormente exposta: as agências reguladoras não podem se tornar cortes arbitrais".

entre o concessionário e o poder concedente e outras decididas somente pelo poder público (Menezello, 2000:128).

Contrário à corrente que defende a natureza de direito público, Aragão (2006a:20) ensina que os contratos de concessão petrolífera têm natureza de *contratos de direito privado*, e são caracterizados como verdadeiros *acordos de desenvolvimento econômico*.[104]

Isto porque tais contratos são denominados *concessões industriais*, ou seja, não visam à delegação de um serviço público; funcionam como instrumento por meio do qual a administração pública assente o exercício de atividade econômica monopolizada por particulares.

Assevera o autor que não é possível invocar a natureza jurídica de direito privado destes contratos para afastar normas de ordem pública ou de dirigismo regulatório da ANP, que deverão respeitar o princípio da proporcionalidade e os princípios da subsidiariedade e da eficiência, sendo assegurada sempre a indenização ou recomposição da estrutura contratual, como aplicação da teoria geral da imprevisão por fato do príncipe ou fato da administração (Aragão, 2001:615).

No entanto, para o professor a discussão acerca da natureza jurídica destes contratos perde força pela relativização da diferença entre o público e o privado. Para ele,

> o que importa são os poderes concretamente conferidos pelo ordenamento jurídico à Administração, não uma classificação etérea da natureza do contrato. Assim, por um lado, não há um poder exorbitante genérico da Administração sobre os contratos ditos de "direito público", e, por outro, os contratos de "direito

---

[104] Nesse mesmo sentido, cf. Ribeiro (2003:202-206).

privado" celebrados pelo Estado ficam embebidos das cláusulas exorbitantes que a lei lhe atribuir.

A atenção deve ser centrada, portanto, na disciplina legal setorialmente atribuída ao contrato de concessão de exploração da atividade econômica petrolífera.

(Aragão, 2006a:19)

Cláusulas essenciais do contrato de concessão de petróleo e gás natural

A despeito de a ANP possuir amplo poder criativo para a propositura de cláusulas a serem inseridas nos contratos de concessão, a própria Lei do Petróleo, em seu art. 43, traz matérias a serem tratadas por cláusulas de observância obrigatória, ou seja, cláusulas "essenciais".

A primeira delas diz respeito à especificação do bloco, objeto de concessão. Este pode ser tanto no território nacional quanto no mar territorial.

Outrossim, obrigatória é a cláusula que explicita o prazo de duração da fase de exploração e as condições para sua prorrogação. De acordo com Menezello (2000:129), a possibilidade de prorrogação depende de requerimento formal por parte do concessionário, que será concedida mediante anuência expressa e motivada da ANP.

São de observância obrigatória as cláusulas que tratam da apresentação de plano de desenvolvimento pelo concessionário e das obrigações deste quanto as participações governamentais (tratadas no último ponto deste estudo).

O contrato deverá conter disposição acerca das garantias a serem prestadas pelo concessionário, a fim de dar tranquilidade ao poder público no caso de inadimplemento das obrigações assumidas; deverá especificar as regras sobre devolução e desocupação de áreas, inclusive retirada de equipamentos e instalações e reversão de bens, bem como revelar os procedimentos para acompanhamento e fiscalização das atividades de exploração, desenvolvimento e produção, e para auditoria do contrato. O concessionário deverá fornecer à ANP, também, relatórios, dados e informações relativos às atividades desenvolvidas.

Tendo em vista a possibilidade de cessão contratual, cláusula de observância obrigatória deverá tratar dos procedimentos relacionados com a transferência do contrato.[105]

Ainda, devem estar previstas as regras de solução de controvérsias, inclusive sobre a possibilidade de conciliação e arbitragem, bem como os casos de rescisão e extinção do contrato e as penalidades aplicáveis na hipótese de descumprimento, pelo concessionário, das obrigações contratuais.

Além dessas cláusulas essenciais, o art. 44 da Lei do Petróleo determina que o contrato estabeleça, desde logo, algumas obrigações do concessionário.

Primeiramente, o contratado deverá adotar, em todas as operações, as medidas necessárias para a conservação dos reservatórios e de outros recursos naturais, para a segurança das pessoas e dos equipamentos e para a proteção do meio ambiente.

Deverá estar estabelecido, também, que o concessionário é obrigado a comunicar à ANP, imediatamente, a descoberta de qualquer jazida de petróleo, gás natural ou outros hidrocarbonetos ou de outros minerais, entregando relatório de comercialidade em seguida e declarando seu interesse no desenvolvimento do campo (acompanhado de plano de desenvolvimento de campo).

O penúltimo inciso do art. 44 define a obrigatoriedade de cláusula que trate da responsabilidade objetiva do concessionário, que deverá indenizar todos e quaisquer danos decorrentes das atividades de exploração, desenvolvimento e produção

---

[105] Aragão (2006a:24) condiciona a cessão contratual a dois requisitos, a saber: prévia admissibilidade pelo edital de licitação e idoneidade para cumprir o contrato. Nesse mesmo sentido, cf. Souto (2004b:101).

contratadas, devendo ressarcir à ANP ou à União os ônus que venham a suportar em consequência de eventuais demandas motivadas por atos do concessionário.

Por fim, dá-se conta de que não só a ANP tem o dever de observar as melhores práticas internacionais da indústria do petróleo; o concessionário também, inclusive quanto às técnicas apropriadas de recuperação, objetivando a racionalização da produção e o controle do declínio das reservas.

Os encargos da concessionária

De acordo com Ribeiro (2003:147),

> as concessões modernas preveem a participação do Estado através de tributos ou da partilha de lucros, preservando-se o interesse nacional através de uma miríade de obrigações e responsabilidades para a empresa investidora, que inclui a transferência de tecnologia, treinamento de mão de obra local, respeito ao meio ambiente e outras.

As participações governamentais são encargos sem natureza tributária, e consistem, como ensina Reis (2009:491-492), em:

> (a) o bônus de assinatura (Lei 9.478/97, arts. 45, inc. I, e 46) consistente em valor pago à ANP no leilão de licenças de blocos de exploração; é uma espécie de "lance" que cada concorrente oferece no leilão para arrematar um bloco exploratório, sendo um dos critérios para avaliação das propostas, com um peso predeterminado; (b) a chamada "taxa de ocupação e retenção de área" (arts. 45, inc. IV, e 51), que é uma remuneração de natureza administrativa pelo uso do subsolo análogo ao aluguel no direito privado (art. 45, inc. IV, da Lei 9.478/97); o valor unitário, que é devido pelo contratado, anualmente, à ANP,

pela utilização de terrenos afetos à exploração da concessão; (c) os *royalties* (arts. 45, inc. II, 47, 48 e 49), percentual pago ao governo sobre o valor produzido, se a empresa consegue tirar petróleo dos poços, sendo o montante arrecadado dividido entre a União Federal, o Estado em que se localiza o poço e os Municípios; os *royalties* devem ser pagos mensalmente, sendo correspondentes a cada campo; seu valor é obtido multiplicando-se o volume produzido no campo durante o mês pelo preço de referência àquele mês; a Lei 9.478/97 fixou alíquota em 10%, mas permite à ANP, em casos excepcionais, reduzi-la até em 5%; (d) a participação especial (arts. 45, inc. III, e 50), uma espécie de compensação financeira que é paga aos casos extraordinários de grande volume de produção ou de grande rentabilidade dos campos explorados, com relação a cada campo de uma área de concessão; a apuração das participações especiais é feita pela aplicação de alíquotas progressivas — que podem ir de 20% a 30%, a 35 e até 40% —, incidentes sobre a receita líquida da produção trimestral de cada campo [...]; a aplicação das alíquotas depende da localização da lavra, do número de anos da produção e do respectivo volume trimestral da produção.

O papel da Petrobras no regime de concessão

A Petrobras era o órgão central da execução da política nacional do petróleo, cujo planejamento cabe à ANP.

Com a flexibilização do monopólio do petróleo, foi reconhecida a legitimidade de a Petrobras continuar a explorar atividade econômica, em face do relevante interesse coletivo, passando a exercer uma intervenção concorrencial no domínio econômico e não mais uma intervenção monopolística. Confira-se o conteúdo do art. 61 da Lei do Petróleo:

> Art. 61. A Petróleo Brasileiro S.A. — PETROBRÁS é uma sociedade de economia mista vinculada ao Ministério de Minas e

Energia, que tem como objeto a pesquisa, a lavra, a refinação, o processamento, o comércio e o transporte de petróleo proveniente de poço, de xisto ou de outras rochas, de seus derivados, de gás natural e de outros hidrocarbonetos fluidos, bem como quaisquer outras atividades correlatas ou afins, conforme definidas em lei.

Como empresa privada, então, destina-se a competir no cenário econômico, podendo celebrar parcerias como qualquer empresa privada, sem necessidade de licitação para escolha de seus parceiros, já que está sujeita, salvo exceções expressas,[106] à mesma legislação existente para as empresas privadas.

O pré-sal e algumas questões polêmicas

Foi em 2007, com o advento do recém-descoberto campo de Tupi e os indícios de outros reservatórios petrolíferos assemelhados, que o Brasil despertou para a possibilidade de haver riqueza mineral de quantidade inigualável no litoral — as reservas de petróleo existentes na camada de pré-sal.

Segundo a Petrobras,

> [...] o termo pré-sal refere-se a um conjunto de rochas localizadas nas porções marinhas de grande parte do litoral brasileiro, com potencial para a geração e acúmulo de petróleo. Convencionou-se chamar de pré-sal porque forma um intervalo de rochas que se estende por baixo de uma extensa camada de sal, que em certas áreas da costa atinge espessuras de até 2.000 m. O termo pré é utilizado porque, ao longo do tempo, essas rochas foram sendo depositadas antes da camada de sal. A profundidade total

---

[106] Art. 173, §3º, da CF/88.

dessas rochas, que é a distância entre a superfície do mar e os reservatórios de petróleo abaixo da camada de sal, pode chegar a mais de 7 mil metros.[107]

Até o momento não se sabe, com exatidão, a quantidade de petróleo ali existente.

Por todas as descobertas, passou-se a pensar que o regime de concessão não mais seria adequado para a exploração das áreas do pré-sal. Ventilou-se, também, a necessidade de dividir com a sociedade os ganhos decorrentes da exploração de tais regiões.

Assim, adveio o Projeto de Lei nº 5.938/2009, que pretende seja implementado um novo regime de exploração nas áreas de pré-sal. Abandonar-se-ia o regime de concessão para adotar o regime da partilha de produção.[108] Ademais, foi promulgada a Lei nº 12.276/2010 que autorizou a União a ceder onerosamente à Petrobras, sem licitação, a exploração de áreas da região.

O Projeto de Lei nº 5.938/2009

O Projeto de Lei nº 5.938/2009 pretende impor que, nas áreas do pré-sal e em áreas estratégicas, abandone-se o regime de concessão, modelo vigente até então e abarcado pela ordem jurídica brasileira, e se adote o regime de "partilha de produção".

Como o próprio nome indica, esse modelo se caracteriza pelo fato de a produção ser dividida (enquanto, nas concessões, o produto da lavra era de propriedade do concessionário). Trata-se de

---

[107] Petrobras/Pré-sal. Perguntas e respostas. O que é o pré-sal? Disponível em: <www2.petrobras.com.br/presal/perguntas-respostas/>. Acesso em: 10 ago. 2010.
[108] Souto (2010) critica tal pretensão afirmando tratar-se de tentativa de retorno ao modelo estatizante, afastado pela Constituição de 1988.

regime de exploração e produção de petróleo, de gás natural e de outros hidrocarbonetos fluidos no qual o contratado exerce, por sua conta e risco, as atividades de exploração, avaliação, desenvolvimento e produção e, em caso de descoberta comercial, adquire o direito à restituição do custo em óleo, bem como a parcela do excedente em óleo, na proporção, condições e prazos estabelecidos em contrato.[109]

De acordo com o texto que se pretende ver aprovado, a União, por intermédio do Ministério de Minas e Energia (MME), celebraria os contratos de partilha de produção diretamente com a Petrobras,[110] dispensada a licitação, ou mediante licitação na modalidade leilão. A gestão dos contratos de partilha de produção caberá a uma empresa pública a ser criada com este propósito, denominada Empresa Brasileira de Administração de Petróleo e Gás Natural S.A. (Petro-Sal), objeto do Projeto de Lei nº 5.939/2009.

A Petrobras (e somente ela) será a operadora de todos os blocos contratados sob o regime de partilha de produção, sendo-lhe assegurada uma participação mínima de 30% no consórcio por ela constituído com o vencedor da licitação.

Veja que o monopólio das atividades continuará com a União, bem como se pretende que se permaneçam como sua propriedade os recursos minerais e o subsolo.

Almeja-se que a ANP continue como órgão regulador das atividades derivadas dos contratos de partilha. Contudo, é impossível não se vislumbrar sensível diminuição da atuação da

---

[109] Art. 2º, I, do Projeto de Lei nº 5.938/2009. Disponível em: <www.camara.gov.br/sileg/Prop_Detalhe.asp?id=447934>. Acesso em: ago. 2010.
[110] Art. 2º, VI, do Projeto de Lei nº 5.938/2009: "operador: a Petróleo Brasileiro S.A. — PETROBRAS, responsável pela condução e execução, direta ou indireta, de todas as atividades de exploração, avaliação, desenvolvimento, produção e desativação das instalações de exploração e produção".

agência. Ora, a Petro-Sal, empresa que se objetiva ver criada, desempenharia funções antes realizadas pela própria ANP.

Neste cenário, Souto (2010) considera grave a insegurança que surge com a mudança do marco, em um ramo que movimenta vultosas quantias e emprega tecnologias avançadas, se esta for pautada na exclusiva vontade de tornar a Petrobras operadora única no mercado, ferindo, por conseguinte, os princípios da livre-iniciativa e da isonomia.

Além disso, assevera no sentido de que a alteração de regime viola o princípio democrático e o próprio Estado de Direito, eis que pretende programar uma política pública incompatível com o modelo implementado pela Constituição.

A Lei nº 12.276/2010 e a cessão onerosa de bens

A Lei nº 12.276, de 30 de junho de 2010, autorizou a União a ceder onerosamente à Petróleo Brasileiro S.A. (Petrobras), dispensada a licitação, o exercício das atividades de pesquisa e lavra de petróleo, de gás natural e de outros hidrocarbonetos fluidos de que trata o inciso I do art. 177, da CF/88, em áreas não concedidas localizadas no pré-sal.

A Petrobras terá a titularidade do petróleo, gás natural e outros hidrocarbonetos fluidos produzidos nos termos do contrato que formalizar a cessão em tela, que, por força do §6º, art. 1º, da Lei nº 12.276, é intransferível, que terá duração de 12 meses, conforme o §8º da referida lei, e produzirá efeitos até que a estatal extraia o número de barris equivalentes de petróleo definido em respectivo contrato, não podendo tal número exceder a 5 bilhões de barris equivalentes de petróleo.

Estabeleceu a lei, também, que o pagamento devido pela Petrobras pela cessão do exercício das atividades de pesquisa e lavra de petróleo e gás natural deverá ser efetivado prioritariamente em títulos da dívida pública mobiliária federal, precificados a valor de mercado.

Consoante o disposto no art. 2º da referida lei, o contrato que formalizará a cessão deverá conter, entre outras, cláusulas que estabeleçam a identificação e a delimitação geográfica das respectivas áreas, bem como os respectivos volumes de barris equivalentes de petróleo (observado o limite de 5 bilhões).

No contrato haverá disposição, ainda, sobre os valores mínimos e sobre metas de elevação, ao longo do período de execução do contrato, do índice de nacionalização dos bens produzidos e dos serviços prestados para execução das atividades de pesquisa e lavra, além das condições do pagamento a ser realizado pela Petrobras e das condições para a realização de sua revisão, considerando-se, entre outras variáveis, os preços de mercado e a especificação do produto da lavra.

Caberá à Agência Nacional de Petróleo, Gás Natural e Biocombustíveis (ANP) obter o laudo técnico de avaliação das áreas que subsidiará a União nas negociações com a Petrobras, especialmente acerca de valores e volumes. A agência, ainda, regulará e fiscalizará as atividades a serem realizadas.

A lei permitiu, também, que a União subscrevesse ações do capital social da Petrobras e as integralizasse com títulos da dívida pública mobiliária federal, aumentando-o.

Com relação aos cotistas dos fundos mútuos de privatização que sejam detentores de ações de emissão da Petróleo Brasileiro S.A. (Petrobras), foi-lhes possibilitado solicitar a transferência dos recursos de sua conta no FGTS, até o limite de 30%, para os referidos fundos, com a finalidade de permitir o exercício do direito de preferência de subscrever ações decorrentes do aumento de capital da empresa.

Souto (2010) elenca um sem-número de críticas a tal diploma normativo. Primeiramente, entende que "a capitalização, além de diluir a participação dos acionistas privados que não consigam exercer seu direito de preferência, ainda coloca em risco o novo valor do capital da empresa".

Secundariamente, apesar de considerar possível que o Estado integralize o capital de suas sociedades com bens, tal integralização não poderá ocorrer se esses bens se submeterem a um regime especial de exploração e comercialização, como no caso do petróleo e do gás natural. Confira-se:

> Pelo modelo de "cessão", sem licitação, a PETROBRAS recebe um direito, como nos melhores dias do monopólio. Cuida-se, novamente, da personificação da atividade na estatal, como se a ordem constitucional não tivesse sido mudada. A estatal recebe um "brinde" de valor desconhecido.
>
> [...]
>
> Logo, a integralização do capital de uma estatal com bem exige a sua utilização no formato constitucionalmente estabelecido para o emprego de tal propriedade em alguma atividade. Não basta a vontade do acionista controlador — ainda que ele não estivesse sujeito a uma assembleia geral, aceitando a integralização e o valor do bem.
>
> (Souto, 2010:40)

Questões de automonitoramento

1. Após ler o material, você é capaz de resumir os casos geradores do capítulo 6, identificando as partes envolvidas, os problemas atinentes e soluções cabíveis?
2. Ainda existe monopólio do setor do petróleo em nome da União? Quem é a proprietária das jazidas?
3. Qual a agência reguladora incumbida de fiscalizar o setor petrolífero no cenário brasileiro? Quais são suas atribuições principais?
4. Qual modelo adotado no Brasil para exploração da atividade petrolífera?

5. Qual objeto das concessões petrolíferas? Existe algum direito real em favor do concessionário?
6. Qual a natureza jurídica dos contratos de concessão de petróleo e gás natural? Relembre as três correntes apresentadas.
7. Existem cláusulas essenciais a serem observadas no contrato de concessão? A ANP tem legitimidade para decidir por sua não observância?
8. Quais os encargos a serem pagos pelos concessionários?
9. Relembre do que tratam os projetos de lei n.ºs 5.939 e 5.941, ambos de 2009.
10. O que é regime de partilha de produção? Poderia o legislador ordinário transformar o marco petrolífero?
11. Que papel assumiria a Petrobras caso o nome regime de partilha de produção viesse a ser implementado?
12. Pense e descreva, mentalmente, outras alternativas para solução dos casos geradores do capítulo 6.

4

Contrato de concessão de energia elétrica

Roteiro de estudo

Introdução

Apresentação histórica

O setor elétrico no Brasil se desenvolveu, diferentemente de outros segmentos econômicos, a partir da iniciativa privada. A exploração de energia elétrica surge ligada à necessidade de desenvolvimento industrial relacionada ao setor cafeeiro em expansão no século XIX (Rolim, 2006:392). A primeira instalação de iluminação elétrica permanente no país data de 1879, na estação Central da estrada de ferro D. Pedro II (atual estrada de ferro Central do Brasil).[111]

As primeiras geradoras de energia elétrica surgem no final do século XIX, constituídas pela iniciativa privada, com capital

---

[111] Centro de Memória da Eletricidade. Disponível em: <www.eletrobras.gov.br>. Acesso em: 29 jul. 2010.

principalmente estrangeiro, como o Grupo Light, que se instalou em São Paulo em 1897 e no Rio de Janeiro em 1905.

Em tal época, praticamente não existia normatização jurídica acerca do tema, ficando a cargo da municipalidade a permissão para o estabelecimento da empresa fornecedora do serviço. A primeira Constituição republicana, de 1891, dava substrato para tal cenário, na medida em que, possuindo cunho liberal, privilegiava a liberdade de iniciativa. Ainda, consagrava o direito de acessão, pelo qual os recursos hídricos e demais riquezas do subsolo eram propriedade do dono da terra. O cenário era de uma pequena demanda, ficando a distribuição a cargo das próprias geradoras, empresas de capital estrangeiro, que dependiam da autorização dos governos locais para exercer suas atividades (Rolim, 2006:393).

A mudança de panorama só irá ocorrer na década de 1930, na chamada era Vargas. Com a opção pela industrialização do país, veio a necessidade de investimentos em infraestrutura, principalmente em energia. Assim, diante das tendências mundiais de centralização das atividades nas mãos do Estado, ocorreu um fenômeno de "federalização" e de intervenção do Estado no setor, com a realização de reformas institucionais e incorporação de diretrizes nacionalistas e intervencionistas, calcadas na Constituição Federal de 1934 e no Código de Águas, do mesmo ano, lei federal que veio a disciplinar a exploração dos potenciais hidráulicos para fins de geração de energia elétrica, estabelecendo que tal exploração somente poderia ser concedida a empresas nacionais (Landau e Sampaio, 2006:4).

Durante as décadas seguintes é mantido o paradigma da intervenção estatal no setor, sendo que, autorizada pela Lei nº 3.890-A/1961, é instalada, no ano seguinte, a Eletrobras, controlada pela União, com a missão de construir e operar geradoras, linhas de transmissão e subestações. Além de exercer suas funções de coordenação do planejamento da expansão e da operação do sistema elétrico, de gestão financeira e empresarial e articulação do setor com a indústria, a Eletrobras controla ainda quatro empresas geradoras de âmbito regional que, juntas, cobrem boa parte do território nacional: Eletronorte (fundada em 1968); Chesf (fundada em 1945), Furnas (fundada em 1957) e Eletrosul (fundada em 1968). Na época de sua criação, estima-se que o setor privado ainda detinha 64% do parque de geração de energia (Landau e Sampaio, 2006:4).

O modelo chega ao seu ápice durante as décadas de 1960 e 1970, com a transferência aos estados do serviço de distribuição. A época foi marcada por duas características intrinsecamente relacionadas ao modo como o Estado brasileiro operou no setor. A primeira diz respeito ao fato de que a propriedade pública do capital das empresas prestadoras do serviço trazia implícita a ideia de que a energia podia ser vendida a um preço relativamente baixo, ou seja, ocorria o subsídio ao usuário final. Os preços artificialmente baixos eram decorrentes de incentivos concedidos por meio de subsídios cruzados à indústria, como forma de fomento à criação de um parque industrial nacional e também como decorrência da prática de não se reajustarem as tarifas, como parte da política anti-inflacionária, presente, principalmente, a partir da década de 1970.

O segundo fenômeno característico da atuação estatal foi o da ineficiência. Como o cenário mundial favorecia o acesso de maneira relativamente fácil ao financiamento, vários empreendimentos foram construídos sem preocupação com a eficiência (Landau e Sampaio, 2006:4).

A expansao estatal no setor avança até a década seguinte, quando a crise mundial, afetando o Estado, impõe limites intransponíveis à sua capacidade de investimento. Tal restrição, aliada às heranças negativas acima abordadas, aprofundou a crise no sistema. A atividade não era autossustentável como deveria ser, e o modelo de Estado empresário havia se revelado ineficiente.

A última década do século passado foi iniciada em situação de grave crise, com o esgotamento da capacidade de investimento, perda progressiva da qualidade do serviço (à medida que o Estado, prestador, não tinha capacidade de investir em novas tecnologias e melhorias no sistema), com inevitáveis reflexos no processo de desenvolvimento do país. A ausência de regulação no setor também contribuiu para a situação de investimento insuficiente, tarifas defasadas, concessões de distribuição não regularizadas e inadimplência intrassetorial, originada do sistema de equalização de resultados (por meio da conta de resultados a compensar — CRC) (Rolim, 2006:395).

O quadro era caótico. A legislação não era praticada e as tarifas, muito defasadas, não eram recuperadas, fazendo o setor chegar a um nível de endividamento muito superior à sua capacidade de pagamento. Não se conseguia atender à remuneração mínima de 10% instituída legalmente, de modo que durante toda a década acumularam-se déficits contabilizados extrapatrimonialmente nas contas de resultados a compensar. As receitas de venda de energia das empresas estaduais passaram a ser retidas pelos governos locais, sem honrar seus pagamentos, formando uma cadeia de inadimplências: não se pagava a energia recebida das empresas federais, que, por sua vez, não repassavam os recursos para a Itaipu Binacional, que não repassava o serviço da dívida para a Eletrobras, que não liberava as parcelas de financiamento das novas usinas, deixando sem pagamento os empreiteiros e fornecedores (Caldas, 2006:49). Era necessária uma mudança de paradigma.

O processo de reforma foi iniciado ainda na década de 1990, calcado na desestatização, introduzindo-se a competição no setor, passando este a ser regulado por um agente independente. O Estado despiu-se de seu papel de empresário para atuar como regulador e planejador, na tendência que se observou mundialmente e cujas bases jurídico-institucionais a Constituição de 1988 já lançara.

A Lei nº 8.631/1993 extingue o regime de equalização de resultados, suprime o regime de remuneração garantida e de contas de resultados a compensar, equilibrando os saldos das CRCs existentes. Em 1995, dando cumprimento ao demandado pelo art. 175 da CFRB, é promulgada a Lei nº 8.987, a chamada Lei de Concessões. Já a Emenda Constitucional nº 6, do mesmo ano, elimina a distinção entre a conceituação de empresa brasileira e empresa brasileira de capital nacional, possibilitando a exploração dos potenciais energéticos nacionais por empresa constituída sob as leis brasileiras, com sede e administração no Brasil, independentemente da origem de seu capital.

Tudo isto foi feito no bojo do Plano Nacional de Desestatização (PND), instituído pela Lei nº 8.031/1990, que permitiu tanto a privatização das estatais que exerciam atividades econômicas em sentido estrito quanto a delegação da prestação de serviços públicos à iniciativa privada, operacionalizada pela Lei de Concessões e, especificamente no setor elétrico, pela Lei nº 9.074/1995. Coroando o processo de abertura do setor ao mercado vem a Agência Nacional de Energia Elétrica (Aneel), instituída pela Lei nº 9.427/1996.

Pretendeu-se com tais reformas a criação de um ambiente competitivo, por meio da desverticalização das empresas do setor, tendo seu foco na competição em geração e comercialização. Com isso, mostraram-se necessárias a preservação de um ambiente regulado nos segmentos de rede (transmissão e distribuição) e a garantia de livre acesso à mercadoria. Também houve a criação de produtores independentes e consumidores livres, indispensáveis para a criação de um ambiente de livre competição (Rolim, 2006:396). As tarifas passaram a ser baseadas no preço, em vez de serem cobradas pelo custo, como eram no antigo regime. Por fim, foi criado o Operador Nacional do Sistema Elétrico (ONS), pela Lei nº 9.648/1998.

Ocorre que, como visto, a alienação de ativos setoriais ocorreu concomitantemente (e, em alguns casos, como o da Light e o da Escelsa, até mesmo previamente) à formação completa do marco regulatório. Inúmeras empresas foram alienadas antes mesmo da constituição de entidades necessárias à conformação do sistema pós-privatização, como o Operador Nacional do Sistema Elétrico e o Mercado Atacadista de Energia Elétrica (MAE). A regulação setorial foi, portanto, construída paralelamente à privatização (Landau e Sampaio, 2006:9).

A principal característica da reestruturação do setor é a da desverticalização dos segmentos da indústria de energia elétrica. Se no modelo anterior as empresas atuavam de forma verticalizada nas funções de geração, transmissão e distribuição, com monopólio em suas áreas de atuação, no modelo desverticalizado passou cada empresa a atuar em apenas um dos segmentos: geração, transmissão, distribuição e um novo segmento: a comercialização (Caldas, 2006:55).

Desde o início do processo de desestatização percebia-se que a demanda de energia elétrica era superior à carga assegurada do sistema. Com o agravamento de tal situação, aliado a uma situação cambial desfavorável ao investimento externo no setor e a uma situação hidrológica desfavorável, vivenciou-se, em 2001, uma crise que levou ao racionamento de energia. A partir daí, inúmeras alterações foram introduzidas pretendendo dar maior segurança regulatória ao setor, culminando com a Lei nº 10.848/2004, que alterou de forma mais substancial o funcionamento do setor, criando o chamado "novo modelo do setor elétrico" (Rolim, 2006:397).

Disciplina normativa

A Constituição de 1988, como visto, está inserida historicamente em um processo de transformação do papel do Estado brasileiro, que de interventor e empresário passa a regulador e planejador. Tal processo é ainda mais aprofundado ao longo da sua primeira década de existência, quando ocorrem emendas constitucionais flexibilizando os monopólios estatais estabelecidos no texto original.

Adotando a Carta de 1988, o regime capitalista de ordenação da economia assegura aos agentes o direito à livre iniciativa (art. 170, *caput*), condicionado ao cumprimento da chamada função social da propriedade (art. 170, III), garantindo-se a liberdade de concorrência (art. 170, II). Deste modo, o desenvolvimento das atividades econômicas é atribuído, em um primeiro momento, à iniciativa privada, só sendo permitido ao Estado atuar diretamente no mercado *subsidiariamente,* apenas em casos atinentes à segurança nacional ou a relevante interesse coletivo (art. 173) (Landau e Sampaio, 2006:6).

Já o art. 174 da CF/88 impõe ao Estado brasileiro o papel de agente normativo e regulador da atividade econômica, ficando a seu cargo as funções de planejamento, incentivo e fiscalização. Nesta esteira, vê-se a criação da Aneel, pela Lei nº 9.427, em 26 de dezembro de 1996.

No que tange à delegação da prestação de serviços públicos por particulares, tem-se o art. 175, *caput*, da Constituição, disciplinado pela Lei nº 8.987/1995 e pela Lei Setorial nº 9.074/1995, que trata mais especificamente das delegações no setor elétrico.

Com relação ao setor em estudo, há também outros diplomas normativos de grande relevância. A Lei nº 9.648/1998, além de introduzir alterações nas leis de Licitações e Contratos (Lei nº 8.666/1993), de Concessões (Lei nº 8.987/1995) e na Lei

Setorial nº 9.074/1995, promoveu a reestruturação da Eletrobras e de suas subsidiárias, e criou o Operador Nacional do Sistema Elétrico (ONS) e o Mercado Atacadista de Energia Elétrica (MAE — depois substituído pela Câmara de Comercialização de Energia Elétrica — CCEE). Posteriormente, após o período de crise vivenciado no início do milênio, foram editadas as leis nº 10.438/2002 (oferta de energia emergencial, criação do Projeto de Incentivo às Fontes Alternativas de Energia Elétrica — Proinfa — e a Conta de Desenvolvimento Energético — CDE —, encargo cobrado de todos os consumidores para subsidiar a expansão do sistema), nº 10.847/2004 (criação da Empresa de Pesquisa Energética — EPE) e nº 10.848/2004, que remodelou a comercialização de energia e rompeu com o propósito de privatização das empresas do Grupo Eletrobras, retirando-as do PND (Caldas, 2006:22).

Também será objeto de estudo o Decreto nº 5.163/2004, que regulamenta a comercialização de energia elétrica nos mercados regulado e livre e o processo de delegação e autorização de geração, comercialização e importação de energia elétrica, bem como o Decreto nº 2.003/1996, que regulamenta a produção de energia por produtor independente ou autoprodutor.

Igualmente serão analisadas algumas resoluções da Aneel, em destaque a Resolução nº 456/2000 e a Resolução Normativa nº 63/2004, esta última relativa à imposição de penalidades aos concessionários, permissionários, autorizados e demais agentes do setor.

Agentes do setor

Para que se possa melhor compreender o tema em análise, torna-se essencial a análise dos atores do setor, que desempenham variados papéis no complexo segmento elétrico, diante das inúmeras alterações impostas pela legislação setorial até que se chegasse ao marco regulatório atual.

Quem detém a competência para a prestação dos serviços de energia elétrica é a União, conforme disposto no art. 21, XII, b, da CF/88. Tal competência é exercida no âmbito do Ministério de Minas e Energia (MME), nos termos do Decreto nº 24.643/1934, o chamado Código de Águas. Na estrutura do ministério, o órgão responsável pela concessão era o Departamento Nacional de Águas e Energia Elétrica (DNAEE), que veio a ser substituído, com a promulgação da Lei nº 9.427/1996, pela Aneel.

À União cabe elaborar o plano de outorgas, definir as diretrizes para os procedimentos licitatórios e celebrar os contratos de concessão ou permissão dos serviços em questão e de concessão de uso de bem público, nos casos que serão vistos adiante. Quanto a estes últimos, é facultado ao poder concedente delegar à agência a sua celebração (Caldas, 2006:65).

A Agência Nacional de Energia Elétrica é a agência federal responsável pela regulação de todo o mercado elétrico. É autarquia especial, dotada de independência técnica, política e financeira, esta última que advém de uma taxa de fiscalização cobrada dos agentes de serviço. A Aneel fica sujeita apenas ao controle finalístico, agora revigorado sob a técnica do contrato de gestão (art. 7º da sua lei criadora), negociado e celebrado entre a diretoria e o Poder Executivo, que deve estabelecer programas anuais para avaliação de desempenho, sendo o instrumento de auditoria contábil perante o Tribunal de Contas da União (Souto, 2004b:58).

A Aneel deve, como parte de suas funções enquanto agência reguladora (Caldas, 2006:64):

- promover as licitações para contratação de novas concessionárias e permissionárias, com base no plano de outorgas e diretrizes aprovadas pela União;
- gerir os contratos de permissão e concessão;
- exercer a fiscalização técnica e econômica diretamente ou por meio de empresas especializadas ou por convênios com órgãos estaduais;

- autorizar ou determinar revisões de projetos;
- monitorar o comportamento dos agentes de mercado, coibindo práticas contrárias à competição;
- fiscalizar as agências reguladoras estaduais;
- dirimir conflitos entre agentes e defender os direitos dos consumidores.

As atividades de coordenação e controle da operação de geração e transmissão de energia elétrica nos sistemas interligados são feitas pelo Operador Nacional do Sistema Elétrico (ONS), pessoa jurídica de direito privado.[112] O ONS é integrado por titulares de concessão, permissão ou autorização e consumidores livres (arts. 15 e 16 da Lei nº 9.074/1995); não executa qualquer atividade relacionada à compra e venda de energia. Suas funções envolvem a operação do sistema interligado de forma neutra, segura e eficiente. Ele é submetido à fiscalização da Aneel e tem como principais atribuições:

- o planejamento e a programação da operação e o despacho centralizado da geração de energia;
- a supervisão e coordenação dos centros de operação de sistemas elétricos;
- a contratação e administração de serviços de transmissão de energia elétrica e respectivas condições de acesso;
- a proposição ao poder concedente de ampliações das instalações da rede básica, bem como de reforços dos sistemas existentes, a serem considerados no planejamento da expansão dos sistemas de transmissão;
- a proposição de regras para a operação das instalações de transmissão da rede básica dos sistemas elétricos interligados, a serem aprovadas pela Aneel (art. 13, parágrafo único, da Lei nº 9.648/1998).

---

[112] Art. 13 da Lei nº 9.648/1998.

A Câmara de Comercialização de Energia Elétrica (CCEE) foi instituída pela Lei nº 10.848/2004 para substituir o Mercado Atacadista de Energia Elétrica (MAE) na função de viabilização da comercialização de energia elétrica dentro do novo modelo de mercado. Na visão original, o MAE era um ambiente negocial em que se processava a compra e venda de energia elétrica por meio de contratos bilaterais, regulados por um contrato multilateral denominado acordo de mercado — a ideia era de que funcionasse como uma bolsa de energia elétrica, em que os preços oscilassem conforme a demanda e oferta. Nesse cenário, a energia elétrica passou a ser tratada como uma *commodity*, cujos preços flutuariam no mercado e não mais como um bem produzido por um monopólio estatal (Caldas, 2006:69).

A esperança era de que a competição forçasse a redução dos preços de energia, o que não ocorreu. Com a Lei nº 10.848/2004, alterou-se o tratamento dado à energia elétrica, numa compreensão de prestação de serviço público, ao invés de *commodity*. Nesse bojo foi criada a CCEE, pessoa jurídica de direito privado, sem fins lucrativos, sob autorização da União e fiscalização da Aneel, para viabilizar a comercialização de energia.

Há ainda outras entidades importantes ao perfeito funcionamento do mercado e do sistema, como a Empresa de Pesquisa Energética (EPE) e o Comitê de Monitoramento do Setor Elétrico (CMSE). A primeira é empresa pública vinculada ao Ministério de Minas e Energia cuja função é desenvolver estudos para que o MME possa exercer sua função de executor do planejamento energético. Teve sua criação autorizada pela Lei nº 10.847/2004 e desenvolve, portanto, pesquisas que dão subsídios ao poder concedente para promover a formulação de políticas e diretrizes setoriais.

Por fim, o CMSE é órgão vinculado ao MME, criado conforme previsão da Lei nº 10.848/2004, e tem a atribuição de acompanhar e avaliar permanentemente a continuidade e a segurança do suprimento eletroenergético no país. Sua criação vem na esteira das crises energéticas ocorridas no início do século, que demandaram da administração uma maior preocupação com a segurança do sistema.

Segmentos da cadeia elétrica

Em virtude da desverticalização implementada a partir de 1995, há vários regimes jurídicos para cada segmento dentro do setor. A cadeia de energia elétrica compreende as etapas de geração, transmissão, distribuição e o novo segmento da comercialização. Somente a distribuição e a transmissão, que utilizam os sistemas e redes públicas e envolvem o consumidor (usuário), é que, inicialmente, seriam consideradas serviços públicos. A comercialização seria tida como atividade econômica (Souto, 2004b:54).

Geração de energia

A Lei nº 9.074/1995, em seus arts. 5º e segs., dispôs sobre três regimes jurídicos distintos: o do produtor que destina sua geração ao serviço público, ou seja, o concessionário; o do produtor independente de energia elétrica (PIE) e o do autoprodutor, para atendimento de demanda própria.

Enquanto o primeiro é vinculado ao concedente por um contrato de concessão de serviço público, os últimos recebem uma concessão de uso de bem público, com fundamento no art. 20, VIII c/c art. 176, §1º CF, e não no art. 175 da CF/88 (Souto, 2004b:54).

Considera-se produtor independente de energia elétrica a pessoa jurídica ou as empresas reunidas em consórcio que recebam a concessão ou autorização para produzir energia elétrica destinada total ou parcialmente ao comércio, por sua conta e risco (art. 11, Lei nº 9.074/1995). O produtor independente tem, na geração de energia, a sua mercadoria, cujo consumidor pode ser tanto o concessionário de serviço público quanto o consumidor final.

O art. 12 da lei em pauta estabelece que o produtor independente pode vender energia para o próprio concessionário de serviço público de energia elétrica, para os consumidores livres (arts. 15 e 16 da Lei nº 9.074/1995), para conjunto de consumidores nas condições em que eventualmente tenha ajustado com o concessionário local de distribuição e para qualquer consumidor que demonstre ao poder concedente não ter o concessionário local lhe assegurado o fornecimento de energia no prazo de até 180 dias contados da solicitação. A comercialização de energia celebrada entre o produtor independente e o concessionário dependerá sempre de homologação da agência reguladora, segundo o art. 24 do Decreto nº 2.003/1996.

O art. 11 do mesmo diploma legal, em seu parágrafo único, indica que tais produtores serão regidos por regras próprias, diferentes das aplicáveis aos concessionários de serviço público. Eles podem vender o seu excedente no mercado livre, mas não estão sujeitos a todas as condições impostas aos concessionários de serviço público, como os deveres de continuidade, eficiência, segurança, generalidade, cortesia, modicidade tarifária e submissão ao procedimento licitatório. Por tal motivo, há quem questione (Blanchet, 1999, apud Caldas, 2006:72) a constitucionalidade da figura do produtor independente, eis que poderia haver uma violação ao princípio da isonomia. Outros, como Justen Filho (1997, apud Landau e Sampaio, 2006:13), classificam o produtor independente como prestador de serviço complementar:

> Somente se pode reconhecer a sua constitucionalidade, na medida em que se admita tratar-se de concessão. Não é possível atribuir-lhe natureza própria e autônoma. Mas nada impede a

sua configuração como modalidade especial de concessão, com cunho complementar às concessões propriamente ditas.

Já o autoprodutor tem na energia elétrica apenas um insumo para sua atividade. Ele produz a energia para seu próprio consumo, deixando de consumir do sistema público. Tal fato permite a ampliação da oferta de energia sem o emprego de recursos públicos, eis que o próprio consumidor produz a energia que irá demandar.

Pode ser tanto pessoa física quanto jurídica, ou mesmo consórcio de empresas. O autoprodutor pode gerar energia além de suas necessidades, vendendo o excesso,[113] o que o aproxima da figura do produtor independente.

Note-se que o Decreto nº 2.003/1996, que regulamenta as figuras do produtor independente e autoprodutor, indica, em seus arts. 1º e 2º, que apenas depende de autorização a implantação de usinas termelétricas de potência superior a 5.000 kw destinadas a tais produtores. Segundo nota Souto (2004d:406), não se tratando de uso de bem público (potencial hidráulico) e de potência superior ao limite indicado, não haverá a necessidade de concessão ou autorização, bastando, apenas, operar-se o instituto da comunicação, para fins de regulação e fiscalização.

Transmissão de energia

A transmissão consiste no transporte da energia do sistema produtor para as unidades de distribuição, ou na interligação de dois ou mais sistemas. Para tanto, há toda uma normatização técnica imposta para a geração de energia, de modo a torná-la

---

[113] Sempre mediante prévia autorização do órgão regulador. Art. 28, II, do Decreto nº 2.003/1996.

compatível com o sistema de transmissão. Considera-se a transmissão o eixo central de estabilidade do sistema elétrico, pois permite a otimização dos recursos energéticos de uma região (Rennó e Sampaio, 2006:301).

A construção e operação de linhas tradicionalmente coube ao Sistema Eletrobras, mas, a partir da criação do ONS, ficaram a cargo deste último a coordenação e o controle da geração e do transporte de energia elétrica. À Aneel cabe fixar os critérios para cálculo do preço de transporte, bem como arbitrar nos casos de negociações frustradas entre os agentes envolvidos.

O sistema de transmissão é a espinha dorsal do sistema elétrico, interligando as usinas geradoras aos centros de carga e interligando as regiões do país. Pelo novo marco regulatório, a expansão do negócio de transmissão se dá por meio de licitação (normalmente leilões, nos quais o vencedor é o proponente que se dispõe a receber a menor receita anual para implantar, operar e manter a instalação) e de autorizações, no caso de instalações de menor vulto, para reforço de redes já existentes (Pinto, 2008:27).

As receitas das concessionárias de instalações de transmissão são vinculadas ao valor dos ativos correspondentes, não sendo afetadas pelas variações de mercado nem pela intensidade do uso das instalações. As transmissoras são, portanto, exclusivamente disponibilizadoras de ativos (Pinto, 2008:28).

Foram estabelecidos os princípios de livre acesso às redes e da interconexão obrigatória, sob disciplina da Aneel. O dever de livre acesso exigido das transmissoras (e também das distribuidoras) consiste na obrigação legalmente imposta a todos os agentes do segmento de transmissão de compartilharem sua infraestrutura e permitirem o acesso às linhas de transmissão por geradores e consumidores, em condições não discriminatórias (Rennó e Sampaio, 2006: 308).

Com fundamento na doutrina das *essential facilities* (Souto, 2006a:240), também no âmbito da transmissão surge a disciplina do compartilhamento de infraestrutura por concessionárias de serviços públicos distintos, por meio da regulação conjunta das agências reguladoras das redes.

Distribuição de energia

A distribuição é a fase final da cadeia energética. Na lição de Álvares (1978:240):

> A distribuição de energia elétrica, por representar o estágio da função elétrica de imediata prestação do serviço público, é vulgarmente considerada como sendo o próprio serviço, quando na realidade representa somente uma fase de um processo complexo, e fase esta particularmente dependente das anteriores. Com efeito, não se distribui energia elétrica se esta não é transportada das usinas, mas a eletricidade não fluirá pelas linhas de transmissão se a corrente não for transformada para atingir uma alta tensão, e por sua vez, a corrente não é transformada se não é gerada. Por conseguinte, todos os estágios são substancialmente dependentes da geração, sendo a distribuição a fase de encerramento da função elétrica.

Tanto a distribuição quanto a transmissão são consideradas monopólios naturais, ou seja, os custos fixos de implantação da atividade são muito elevados relativamente à demanda do setor. Assim, o arranjo mais econômico do setor é aquele que contém um único ofertante (Pereira, 2006:149). Dessa forma, a distribuição caracteriza-se por ser um serviço público, prestado em regime de monopólio após o devido processo licitatório para outorga da concessão, como na transmissão. Em ambos os casos, a concorrência se dá no momento anterior à entrada no mercado, ou seja, na licitação para a concessão do serviço de distribuição: é concorrência pelo mercado.

A cadeia de obrigações do setor elétrico é centralizada na distribuição, uma vez que os custos da compra de energia e de seu transporte são faturados pelas geradoras e pelas transmissoras à distribuidora, e esta repassa tais valores, na tarifa final, ao consumidor. Também os encargos e tributos incidentes durante todo o processo são cobrados na tarifa da distribuidora (Rebello, 2006:498).

No que tange aos seus agentes, a Resolução Aneel nº 278/2000 determina que um agente de distribuição não poderá deter participação superior a 20% do mercado de distribuição nacional. São também impostas limitações à participação dos agentes distribuidores em relação ao atendimento dos mercados de distribuição regionais. Diferentemente das transmissões, que são outorgadas por empreendimento, as concessões de distribuição são outorgadas por área (Caldas, 2006:77).

Por fim, cumpre notar que o atual marco regulatório, tendo como objetivo a garantia do livre acesso à rede, aprofundou a desverticalização iniciada na década anterior, pelo que proibiu que os agentes atuantes na distribuição exerçam qualquer atividade relacionada à geração, transmissão ou comercialização de energia elétrica.[114] Assim, a compra de energia elétrica pelas concessionárias de distribuição deve necessariamente se dar no chamado "mercado regulado" (ou ambiente de contratação regulada), necessariamente por meio de leilões, eliminando o chamado *self-dealing* (Lustosa, 2006:481), com a revogação do art. 2º, §1º, I, da Lei nº 10.604/2002 pela Lei nº 10.848/2004.

---

[114] Lei nº 10.848/2004, art. 4º, §5º.

Comercialização de energia

A comercialização de energia elétrica tem sido entendida como atividade eminentemente econômica em sentido estrito, não sendo classificada como serviço público. Com tal concepção, aproxima-se a ideia de energia elétrica à de uma *commodity*, apesar de não poder ser estocada na sua forma final de uso (Lima, 2006:368).

No setor brasileiro, existe uma clara separação entre o mundo físico (do despacho, gerido pelo ONS, que determina quais usinas devem produzir a cada momento) e o contratual, cujos registros e liquidação se dão no ambiente da CCEE, sucessora do MAE. A existência, portanto, de um contrato de compra e venda de energia não significa que haja uma entrega física associada (Lima, 2006:368).

O papel de um agente comercializador é o de promover a concorrência no setor, buscando as melhores oportunidades para seus clientes. Eles compram e vendem energia no ambiente de contratação livre (ACL), competindo com os consumidores livres na aquisição de energia produzida pelos geradores concessionários e produtores independentes. Nesse ambiente as quantidades e preços são livremente negociados entre as partes.

Os comercializadores funcionam como arbitradores naturais do preço da energia elétrica. A autorização para comprar e vender energia no mercado livre assegura aos agentes de comercialização um *hedge* natural, que possibilita aos mesmos oferecer diversas modalidades de operações aos seus clientes, inclusive através dos mercados de futuros e de derivativos (Figueiredo, 2002:349).

A Aneel autoriza o exercício desta atividade a pessoa jurídica especialmente constituída para exercê-la no mercado de livre negociação. A autorização da agência para o agente comercializador vigora pelo prazo de 20 anos, podendo ser revogada por solicitação deste ou por violação às normas setoriais.

A comercialização pode ser efetuada igualmente no ambiente de contratação regulada (ACR), por meio de leilões, como visto. O ACR, segundo o Decreto nº 5.163/2004 em seu art. 1º, §2º, é o segmento do mercado no qual se realizam as operações de compra e venda de energia elétrica entre agentes vendedores e agentes de distribuição, precedidas de licitação, ressalvados os casos previstos em lei, conforme regras e procedimentos de comercialização específicos (Pacheco, 2006:385).

O contrato de concessão

Diante do exposto, nota-se ser impossível falar apenas em um contrato de concessão de energia elétrica. Na verdade, como visto, são várias as modalidades delegatórias nas diferentes fases da cadeia da eletricidade.

Serão brevemente analisados os aspectos gerais que permeiam os contratos de concessão de serviço público e, com maior detalhamento, algumas questões referentes à concessão do serviço de distribuição de energia elétrica.

Sabe-se que o instituto da concessão de serviço público tem o objetivo de desenvolver atividades de essencial relevância para o interesse da coletividade. Nas palavras de Justen Filho (2003:11):

> Não seria exagero afirmar que a concessão de serviço público é uma tentativa de composição entre alternativas radicalmente diversas. Trata-se de uma espécie de meio-termo entre concepções opostas e contraditórias. O instituto da concessão de serviço público é via para organizar interesses potencialmente antagônicos, buscando assegurar a realização conjunta e concomitante de finalidades e interesses tendencialmente excludentes. [...]

Mas a concessão também se relaciona à exploração empresarial das atividades de serviço público, desenvolvida pela iniciativa privada sob a concepção de lucratividade. Daí se segue a aplicação de princípios peculiares ao âmbito não estatal, tais como a tutela à propriedade privada, à livre iniciativa e (eventualmente) à livre concorrência. Sob esse ângulo, está presente o interesse privado dos agentes econômicos, a quem se atribui o encargo concreto de prestar o serviço público.

A concessão, portanto, é instrumento hábil a conjugar os interesses de três polos presentes na sociedade: o Estado concedente, o particular concessionário e a população usuária, que têm igualmente seus direitos resguardados segundo a lei.

O contrato de concessão contém duas classes de cláusulas: as referentes às normas regulamentares que disciplinam o desempenho do interesse público e as que estabelecem a parte contraprestacional, com os direitos e deveres de ambas as partes, incluindo aí a remuneração.

Com relação ao primeiro tipo de cláusula vige o princípio da mutabilidade unilateral pelo concedente, uma vez que o serviço deve sempre adequar-se às necessidades de sua prestação à sociedade. Já com relação às cláusulas contraprestacionais, deve-se sempre ter em mente a manutenção do equilíbrio econômico-financeiro do contrato. Nesta seara, apresentam-se os institutos de reajuste e revisão das tarifas cobradas pelos concessionários como meios de manutenção do referido equilíbrio.

No caso do setor elétrico, o reajuste não se faz pela simples indexação da tarifa a um índice inflacionário, sendo dividido em dois grupos: um referente aos custos externos impostos à concessionária, que não pode controlá-los (tributos, encargos setoriais e preço pela compra da energia) e outro, que são custos sob controle da companhia, como a folha salarial. As despesas do primeiro grupo são direta e integralmente repassadas para a tarifa, enquanto as do último grupo são atualizadas, no máximo, pelo IGP-M (Ribeiro e Falcão, 2006:294), havendo também a aplicação do deflator chamado "fator X", de modo a repassar parcela dos ganhos de produtividade para os consumidores (Justen Filho, 2003:360).

Quanto à responsabilidade dos concessionários fornecedores de energia por danos ao consumidor, esta é objetiva, segundo a maioria da doutrina (Caldas, 2006:144). Neste sentido, a Aneel editou a Resolução Normativa nº 61/2004, que, em seu art. 5º, dispõe que descargas atmosféricas e sobretensões oriundas de energização de circuitos não eximem a concessionária da responsabilidade do ressarcimento ao particular lesado. Contudo, como nota Simão (2006:477), tal resolução viola até mesmo disposições do Código de Defesa do Consumidor (CDC),[115] eis que desconsidera que o dano pode ter sido causado exclusivamente pelo próprio consumidor ou por terceiro, como no caso de um carro que abalroa um poste e, com isso, gera danos aos equipamentos elétricos de outros consumidores.

Suspensão do fornecimento de energia

Questão tormentosa na doutrina e jurisprudência é a que envolve a possibilidade de suspensão de fornecimento de energia elétrica a consumidores inadimplentes — o chamado "corte de energia".

Uma primeira tese sustenta que, sendo o serviço essencial e indispensável, e contínuo por imposição legal, seria vedada a sua supressão unilateral pela concessionária distribuidora, salvo com permissão judicial. Assim, o usuário teria o direito de usufruir do serviço de maneira contínua, segura e adequada, e por ele pagar quando e se quiser — restando à prestadora

---

[115] Sobre a aplicação do CDC, ver Aragão (2006b:163-186).

recorrer à tutela judicial. O chamado corte seria, para tal entendimento, verdadeira "justiça privada", autotutela. Assim, seria absoluto o direito ao serviço, mas relativo o dever de pagar por ele (Rocha, 2004:47).

Diverso é o entendimento que vê no art. 22 do Código de Defesa do Consumidor uma proibição não absoluta, sob pena de legitimar a conduta do mau pagador, que auferiria benefícios à custa dos demais usuários.

O embasamento jurídico para a possibilidade do corte encontra-se no art. 6º, §3º, da Lei nº 8.987/1995; no art. 14, I, da Lei nº 9.427/1996[116] e no art. 91 da Resolução nº 456/2000 Aneel, que expressamente permite a suspensão do fornecimento, após prévia comunicação formal ao consumidor, quando este se encontra em mora ou inadimplente.

A questão torna-se mais delicada, contudo, quando o usuário inadimplente é, na verdade, órgão público ou outro concessionário de serviço público essencial. Também para este caso a Resolução nº 456/2000 Aneel previu a possibilidade do corte,[117] seguindo o disposto pela Lei nº 9.427/1996, em seu art. 17:

> Art. 17. A suspensão, por falta de pagamento, do fornecimento de energia elétrica a consumidor que preste serviço essencial à população cuja atividade sofra prejuízo será comunicada com antecedência de quinze dias ao Poder Público local ou ao Poder Executivo Estadual.

Para tal corrente, portanto, a continuidade do serviço está, sim, vinculada a um dever de contraprestação pecuniária dos

---

[116] "Art. 14 O regime econômico e financeiro da concessão de serviço público de energia elétrica, conforme estabelecido no respectivo contrato, compreende:
I – a contraprestação pela execução do serviço, paga pelo consumidor final com tarifas baseadas no serviço pelo preço, nos termos da Lei nº 8.987/95, de 13 de fevereiro de 1995."
[117] Art. 94 da Resolução nº 456/2000 Aneel.

usuários, que não podem enriquecer ilicitamente à custa da concessionária e de todos os demais usuários do serviço. Isto porque a inadimplência dos consumidores pode causar a eles próprios inúmeros transtornos, como a dispensa de milhares de trabalhadores e a impossibilidade de expansão do sistema energético, devido à falta de recursos, o que obsta ao desenvolvimento do país (Rocha, 2004:28).

A jurisprudência igualmente entende pela possibilidade de corte, desde que com prévio aviso ao consumidor inadimplente, tendo o Superior Tribunal de Justiça, por meio do REsp 363943/MG,[118] pacificado tal entendimento. Também o Tribunal de Justiça do Rio de Janeiro (TJ/RJ) segue tal posicionamento, explicitado no Enunciado nº 83: "É lícita a interrupção do serviço pela concessionária, em caso de inadimplemento do usuário, após prévio aviso, na forma da lei".[119]

Similarmente à possibilidade de corte, é facultada às concessionárias a negativa de expansão do sistema. Confira-se decisão do Superior Tribunal de Justiça, neste sentido:

> Processual civil. Reclamação. Desrespeito à autoridade de decisão proferida pelo STJ nos autos do Agravo de Instrumento nº 1.032.307/RS. Fornecimento de energia elétrica. Município inadimplente. Corte. Possibilidade. Reconhecimento do direito de a reclamante negar-se a efetivar novas instalações elétricas. Manutenção apenas dos serviços públicos essenciais. Procedência do pedido.
>
> 1 Busca-se na presente reclamação preservar a autoridade da decisão deste Tribunal, proferida nos autos do Agravo de

---

[118] REsp 363943/MG (2001/0121073-3). Rel. Min. Humberto Gomes de Barros. Órgão julgador: S1 — Primeira Seção. Julgamento em 12-11-2003.
[119] Súmula da Jurisprudência Predominante nº 2005.146.00005. Julgamento em 12-9-2005. Votação: unânime. Rel. Des. Roberto Wider.

Instrumento nº 1.032.307/RS, que reconheceu o direito da concessionária de energia elétrica de abster-se de realizar novas instalações, exceto nos casos em que esteja em jogo o interesse primário.

2. A autoridade coatora deferiu a antecipação de tutela postulada nos autos da Ação Declaratória nº 037/1.09.0001171-6, ajuizada pelo Município de Uruguaiana para determinar que a concessionária AES Sul restabelecesse a energia elétrica de um prédio público que serviria de acomodação para a Comissão Municipal de Carnaval, sob o fundamento de que os débitos de energia elétrica são obrigações de natureza pessoal, e que há vedação legal (art. 4º, §2º, da Resolução 456 da Aneel) de que as concessionárias condicionem a ligação de unidade consumidora ao pagamento de débito de terceiros.

3. Diante do trânsito em julgado da decisão que ora se reclama cumprimento, a decisão impugnada que determinou ao reclamante que proceda a restauração do fornecimento de energia elétrica no imóvel pertencente ao Município, sem que tenha havido o adimplemento da dívida e não estando presente o interesse público primário, contrariou frontalmente a autoridade da coisa julgada emanada da decisão desta Corte, que reconheceu o direito da concessionária de energia elétrica de abster-se de realizar novas instalações, limitando-se apenas a não prejudicar a continuidade de serviços públicos essenciais.

4. Impende salientar que, ao contrário do afirmado pelo Município de Uruguaiana, a negativa de fornecimento de energia elétrica pela empresa AES Sul Distribuidora Gaúcha de Energia Elétrica S/A não está relacionada à discussão sobre dívida oriunda do imóvel que serviu de acomodação para a Comissão Municipal de Carnaval, anteriormente ocupado pela Associação dos Amigos da Califórnia, mas sim pela afronta ao seu direito de abster-se de realizar novas ligações de energia elétrica para

o Município que acumula vultosa dívida pela prestação de serviços da reclamante, conforme lhe foi garantido por decisão transitada em julgado desta Corte.

5. Reclamação procedente.[120]

Interrupção do fornecimento de energia

A interrupção do fornecimento de energia elétrica está relacionada a uma ideia de falha na prestação do serviço. Difere da suspensão, eis que nesta o serviço deixa de ser prestado pela falta de pagamento, enquanto naquela o fornecimento é interrompido diante de uma falha, ou até mesmo como medida preventiva contra possíveis problemas no sistema.

As interrupções no fornecimento de energia são inerentes à operação de distribuição, motivo pelo qual são disciplinadas pela legislação federal e pela Aneel, que indica índices aceitáveis de duração e frequência — há limites para o número de horas em que um usuário fica sem energia elétrica durante um determinado período de tempo e para o número de vezes em que ocorre a interrupção no mesmo período de tempo.[121]

É com base nesses parâmetros que se torna possível aferir a regularidade e a adequação do serviço prestado por determinada distribuidora. Por óbvio, nenhum distribuidor pode garantir de modo absoluto o abastecimento de modo ininterrupto e generalizado.

Ocorre que, muitas vezes, a interrupção do fornecimento de energia é proposital, com fins de resguardar o sistema de

---

[120] Rcl 3414/RS (2009/0031023-9). Rel. Min. Mauro Campbell Marques. Órgão julgador: S1 — Primeira Seção. Julgamento em 23-6-2010.
[121] A Aneel formulou consulta pública (ACP nº 08/2010) com o objetivo de obter subsídios e informações para o aprimoramento da regulamentação sobre a metodologia de estabelecimento dos limites dos indicadores de continuidade coletivos DEC (duração equivalente de interrupção por unidade consumidora) e FEC (frequência equivalente de interrupção por unidade consumidora).

um dano maior. Interrompe-se temporariamente o sistema, por exemplo, no caso de sobretensões para evitar danos, como a queima de cabos e demais equipamentos, que demandariam a sua substituição, acarretando um período maior ainda sem o fornecimento de energia.

Nesses casos, trata-se de um dever jurídico do prestador de serviços de distribuição. Tanto é que a Resolução nº 456/2000 Aneel, em seu art. 90, IV, dispõe que a concessionária poderá suspender o fornecimento, de imediato, quando verificar a ocorrência de "deficiência técnica e/ou de segurança das instalações da unidade consumidora, que ofereça risco iminente de danos a pessoas ou bens, inclusive ao funcionamento do sistema elétrico da concessionária", não sendo caracterizada a descontinuidade em tal hipótese, como comanda o art. 95 da mesma resolução.

Obviamente, sendo permitida a interrupção do fornecimento de energia elétrica, não há que se falar em responsabilidade da concessionária por danos causados aos usuários em virtude de tal interrupção, eis que a distribuidora atua no exercício regular de seu direito, inclusive resguardando os interesses dos próprios usuários.

Só há, portanto, responsabilidade da concessionária quando existir um nexo causal entre a ação (ou omissão) dela e os danos percebidos, sem que tenham ocorrido atos de terceiro, do próprio lesado, caso fortuito ou força maior.

No mesmo sentido, veja julgado do STJ:

> Processual civil e administrativo. Recurso especial. Análise da violação a dispositivos constitucionais e à portaria. Inviabilidade. Multa por protelação. Afastamento. Interrupção do fornecimento de energia elétrica. Possibilidade prevista em lei, de acordo com os limites estabelecidos pela Aneel. Indenização. Ausência de responsabilidade objetiva e de ato ilícito, sob o prisma infraconstitucional.

[...]

3. O art. 160, I, do Código Civil anterior afasta a ilicitude dos atos praticados no exercício de direito regularmente reconhecido.

4. As Leis 8.987/95 e a 9.427/96 conferem à Aneel o poder-dever de supervisionar o fornecimento de energia elétrica e de estabelecer os limites aceitáveis de interrupção em caso de emergência, manutenção e outros fatos imprevistos.

5. Nos termos do art. 14 do Código de Defesa do Consumidor, o reconhecimento da responsabilidade objetiva está condicionado à existência de serviço defeituoso, definido por seu parágrafo único como o que não fornece a segurança que o consumidor dele pode esperar, considerando-se o modo de seu fornecimento, o resultado e os riscos que razoavelmente dele se esperam. Em se tratando de serviço público prestado sob o regime de concessão, há que se interpretar sistematicamente referido dispositivo com as disposições da Lei 8.987/95.

6. A partir dessas premissas, a interrupção do fornecimento de energia elétrica, por si só, não gera o dever de indenizar o que o usuário deixou de produzir durante o período da interrupção. Há que se averiguar se foram observados os limites de tolerância estabelecidos pelo poder público, inclusive por força das peculiaridades que envolvem a produção, transmissão e distribuição de energia elétrica.

7. Recurso especial conhecido em parte e, parcialmente provido, para afastar a multa por protelação e determinar que o Tribunal de origem aprecie se a interrupção do fornecimento de energia elétrica na hipótese dos autos observou os limites estabelecidos na Portaria DNAEE 48/76.[122]

---

[122] REsp 935468/AL (2007/0060887-1) Rel. Min. Eliana Calmon. Órgão julgador: T2 — Segunda Turma. Julgamento em 24-3-2009.

Multas contratuais

Questão controvertida é a referente à possibilidade de aplicação de multa contratual por parte da Aneel em percentual superior ao previsto no contrato de concessão.

Isto ocorre diante da edição, por parte da agência, da Resolução Normativa nº 63/2004, que previu multa de ate 2% sobre o faturamento do concessionário, sendo que inúmeros contratos de concessão de distribuição, anteriores inclusive à própria criação da Aneel, previam percentual máximo de 0,1% sobre o faturamento.

Discute-se, então, a validade da imposição de multa contratual em tais parâmetros. Souto [s.d.], discorrendo sobre o assunto, entende que a imposição de penalidades por descumprimento do contrato é tema de competência típica do poder concedente, e não do regulador. Assim, a agência não teria competência para alterar o contrato, mas apenas para editar normas que orientem tecnicamente a sua execução, tendo sempre como norte os princípios que regem as concessões, positivados pela Lei nº 8.987/1995.

Ainda, em relação aos contratos firmados anteriormente à edição de tal resolução (incluindo, obviamente, os firmados anteriormente à própria constituição da agência), entende-se que estes não podem ser alterados por norma regulatória no curso de sua vigência.

Ainda que se pudesse alegar que o contrato de concessão de distribuição de energia elétrica, por ser de trato sucessivo, poderia incorporar a norma posterior, deve-se compreender que diversa é a consequência da inexecução de uma obrigação contratual — esta que ensejaria a aplicação da multa em questão.

Prorrogação contratual

A prorrogação contratual costuma ser associada a uma exceção à regra geral, constitucionalmente imposta, da licitação. Prorrogar contratos pode significar, em uma primeira visão, impedir a abertura ao mercado para que se permita a entrada de novos agentes e se estimule a competição.

Por outro lado, deve-se atentar para o fato de que a formalidade licitatória não é um fim em si mesma, mas busca atender a um interesse público. Assim, como proceder se tal interesse seria atendido justamente não pela licitação, mas sim pela prorrogação contratual?

No setor elétrico a questão tem grande relevância, eis que inúmeras empresas têm os prazos das respectivas concessões vencendo em 2015 (Landau, 2009:467). O fato é problemático — jurídica, econômica e politicamente.

Em primeiro lugar, a legislação setorial foi fortemente alterada por diversos diplomas, fazendo distinção entre os segmentos da cadeia elétrica. Ainda, há regimes jurídicos diferentes entre as concessionárias — as que foram privatizadas assinaram novos contratos de concessão com previsão de prorrogação do seu prazo, enquanto para outras concessionárias, que já eram privadas ou continuam sendo estatais, ocorreu apenas uma passagem de um regime de outorga para o contratual, com estabelecimento de um novo prazo de 20 anos de concessão.

A Constituição, em seu art. 175, parágrafo único, I, exige a licitação para a delegação de concessões, explicitando o caráter especial do contrato e de sua prorrogação. A Lei de Concessões, em seu art. 23, XII, estabelece que a prorrogação é cláusula essencial ao contrato, enquanto o art. 42 da mesma lei exige a licitação após vencido o prazo da concessão.

Ainda em 1995 foi editada a Medida Provisória nº 1.017, que previu expressamente (art. 3º) a prorrogação por mais 20 anos das concessões atingidas pelo art. 42 da Lei de Concessões, ou seja, das concessões com prazo vencido. Tal MP foi convertida na Lei nº 9.074/1995 (posteriormente alterada pela Lei nº 10.848/2004), que estabeleceu critérios e prazos para as prorrogações no setor elétrico, permitindo a prorrogação, a título oneroso, em favor da União (art. 4º, §1º) e definindo regimes diferentes para os segmentos de geração, transmissão e distribuição.

Com relação à geração de energia elétrica, a lei em pauta definiu que as concessões anteriores a 11 de dezembro de 2003 terão o prazo máximo de 35 anos, contados da assinatura do contrato, sendo este prorrogável por mais 20 anos (art. 4º, §2º). Já os contratos posteriores a tal data têm apenas o prazo de 35 anos, contados da assinatura do contrato, improrrogável por previsão do art. 4º, §9º.

No que tange aos segmentos de transmissão e distribuição, definiu o art. 4º, §3º, da Lei nº 9.074/1995 que tais concessões, contratadas a partir da vigência do referido diploma legal, terão o prazo máximo de 30 anos, prorrogável por igual período.

Para as concessões com prazos de outorga vencidos, a Lei nº 9.074/1995, em seu art. 19, definiu um regime jurídico de transição, pelo qual foram editados novos decretos estabelecendo a prorrogação pelo prazo máximo de 20 anos — é a aplicação desta regra de transição que explica o grande número de concessões cujo prazo vence em 2015 (Landau, 2009:471).

Ainda, a lei instituidora da Aneel previa que os contratos de concessão conteriam cláusula de prorrogação enquanto estivessem sendo prestados nas condições estabelecidas no contrato e na legislação setorial, e atendidos os interesses do consumidor. A lei ponderava a exigência formal da licitação pela evidência de que o serviço vinha sendo prestado satisfatoriamente (Landau, 2009:472). Tal previsão, contudo, foi revogada pela Lei nº 10.848/2004.

Em seguida, o art. 42 da Lei de Concessões foi alterado pela Lei nº 11.445/2007, permitindo-se que, vencido o prazo da concessão, o serviço possa ser prestado por órgão ou entidade do poder concedente, criando-se uma opção à licitação, mitigando sua exigência, sem, contudo, permitir expressamente a prorrogação contratual.

Em virtude da ausência de previsão expressa na legislação atualmente em vigor, questiona-se a viabilidade jurídica de tais prorrogações. Aqueles que a defendem a sustentam pela leitura do art. 23, XII, da Lei de Concessões enquanto norma regulamentadora do art. 175, parágrafo único, I, da Constituição em sua parte final (Landau, 2009:473).

Em segundo plano está o aspecto econômico. Ora, o setor elétrico demanda vultosos investimentos no início da concessão, de modo que a incerteza presente na indefinição acerca do prazo final da concessão influencia no cálculo do valor que o concessionário receberia a título de reversão e indenização.

Também é afetado o regime concorrencial no setor. A existência de diversos prazos para as concessões nas diversas fases da cadeia em nada contribui para a competição no segmento, afetando, como visto, a possibilidade de investimentos.

Por fim, de modo não menos importante, está a questão política. Como a maioria das concessões que vencem em tal prazo são federais e estaduais, e a privatização claramente não faz parte da atual política econômica,[123] é pouco provável que o governo venha a pretender licitar, correndo o risco de transferir as concessões em posse de suas estatais.[124]

---

[123] A Lei nº 10.848/2004 retirou formalmente as empresas do Sistema Eletrobras do programa de privatização.
[124] Por óbvio, tal cenário pode ser alterado, dependendo dos resultados das eleições deste ano.

Diante de tais premissas, entende a doutrina ser a prorrogação legítima quando, por exemplo, for indispensável como alternativa menos onerosa para permitir a amortização de investimentos que não foram recuperados durante o prazo contratual; for necessária para igualar os prazos de todos os competidores de um segmento, se tal medida for necessária para viabilizar a competição ou ensejar um pagamento aos cofres públicos, destinado a um fundo vocacionado a proporcionar modicidade tarifária (Souto, [s.d.] apud Landau, 2009:481).

Questões de automonitoramento

1. Após ler o material, você é capaz de resumir os casos geradores do capítulo 6, identificando as partes envolvidas, os problemas atinentes e as soluções cabíveis?
2. Quais são as etapas da cadeia de energia elétrica?
3. Quais são os agentes criados pelo novo marco regulatório do setor elétrico?
4. Em que regimes podem ser prestados os serviços de energia elétrica?
5. Identifique as principais funções da Agência Nacional de Energia Elétrica (Aneel).
6. Pense e descreva, mentalmente, outras alternativas para solução dos casos geradores do capítulo 6.

5

Consórcios públicos e contratos de programa

Roteiro de estudo

A constitucionalidade da Lei nº 11.107/2005

A Constituição em vigor, em seu art. 241 (conforme redação dada pela EC nº 19/1998), permitiu a criação de consórcios públicos e convênios de cooperação entre as entidades da federação, possibilitando a gestão associada de serviços públicos, autorizando, também, a transferência total ou parcial de encargos, serviços, pessoal e bens essenciais à continuidade dos serviços transferidos. Confira-se, por relevante, o dispositivo:

> Art. 241. A União, os Estados, o Distrito Federal e os Municípios disciplinarão por meio de lei os consórcios públicos e os convênios de cooperação entre os entes federados, autorizando a gestão associada de serviços públicos, bem como a transferência total ou parcial de encargos, serviços, pessoal e bens essenciais à continuidade dos serviços transferidos.

Nesse contexto, cumpre indagar se a Lei nº 11.107, de 6 de abril de 2005, que dispõe sobre normas gerais de contratação de consórcios públicos, está de acordo com os preceitos previstos na Constituição.

O primeiro ponto de debate diz respeito ao questionamento se a "lei" referida pelo art. 241 da Constituição poderia ser editada pela União como norma geral, ou se cada ente federado deveria editar sua própria lei.

Em defesa da norma, pode-se sustentar que, por envolver a participação de pessoas jurídicas públicas distintas, os consórcios públicos carecem de definição de parâmetros gerais para a sua constituição, sob pena de se gerar incerteza jurídica entre os entes federados e, por consequência, se inviabilizar ou reduzir a possibilidade de sua concretização.

Ressalte-se, por relevante, que existe uma diferença entre estabelecer diretrizes gerais para celebração de consórcios públicos e a decisão de participar ou não do consórcio, a forma desta participação, os objetivos a serem alcançados, enfim, a sua formatação, de acordo com a vontade política dos entes federados envolvidos. Esta é competência privativa de cada ente, no âmbito de sua autonomia administrativa, enquanto aquela outra, a de editar leis gerais de âmbito nacional, é de competência da União.

Ao editar normas gerais, a União estabelece parâmetros para a sua atuação direta e traça diretrizes para os outros entes da federação, não excluindo a competência legislativa suplementar dos demais entes. O conceito de norma geral pressupõe que a competência legislativa não se esgote, deixando certo espaço normativo a ser preenchido pelas demais entidades federadas, já que se trata de competência concorrente (art. 24 da CF/88), sempre de acordo com a lógica da predominância dos interesses envolvidos; daí porque apenas a União está obrigada aos comandos ali traçados.

Desse modo, a disciplina dos consórcios públicos, inovada pela Lei nº 11.107/2005, enquanto modalidade contratual, não retira das pessoas jurídicas de direito público a competência constitucional para adotar as modalidades tradicionais de consórcios não contratuais, como, por exemplo, o são os acordos intermunicipais de cooperação, os convênios administrativos, as associações de municípios, como modalidades de pactos tradicionais no direito administrativo brasileiro.[125] A competência para adotá-los deflui de sua própria autonomia constitucional (art. 18 da CF/88) e não está limitada pela competência específica prevista no art. 22, XXVII, da CF, que só trata da hipótese de normas gerais de contratação. Nesse sentido, confira-se Freitas (2009:33):

> A presunção de constitucionalidade leva à interpretação de que o modelo de consórcio público não afasta o uso das demais formas de cooperação não previstas na legislação dos estados e municípios, sendo certo que apenas a União está obrigada aos comandos ali traçados.

Não se pode olvidar que a nova lei tenta obter no Poder Legislativo a solução de um problema já submetido ao Poder Judiciário, que é o impasse sobre a titularidade para a prestação dos serviços de saneamento básico, se dos estados ou dos municípios, bem como o limite para instituição de regiões metropolitanas, visando à prestação regionalizada desses serviços:[126]

---

[125] Note-se que existem diversos contratos de colaboração previstos no ordenamento jurídico. Cite-se, por exemplo, a Lei nº 9.637, de 15 de maio de1998 — contrato de gestão com organizações sociais; a Lei nº 9.649, de 27 de maio de 1998 — contrato de gestão com agências executivas; a Lei nº 9.790, de 23 de março de 1999 — termo de parceria com organizações sociais de interesse público; a Lei nº 10.973, de 2 de dezembro de 2004 — termo de cooperação para a inovação tecnológica; e a Lei nº 11.284, de 2 de março de 2006 — concessão de florestas.
[126] Confira-se, sobre o tema, a ADI 1842-RJ ajuizada pelo Partido Democrático Trabalhista (PDT), em 1998, contra a Lei Complementar (LC) nº 87/1997, e os arts. 8º a 21 da Lei nº 2.869/1997, ambas do Rio de Janeiro.

esvaziando os estados, os municípios se consorciam e passam a resolver a gestão de problemas regionais.

Outro ponto controvertido diz respeito à obrigatoriedade de o estabelecimento de normas de cooperação entre os entes federativos ser veiculado por meio de lei complementar, em razão do disposto, no parágrafo único, do art. 23, da Constituição Federal, *in verbis*:

> Art. 23. [...]
>
> Parágrafo único. Leis complementares fixarão normas para a cooperação entre a União e os Estados, o Distrito Federal e os Municípios, tendo em vista o equilíbrio do desenvolvimento e do bem-estar em âmbito nacional. (Redação dada pela Emenda Constitucional nº 53, de 2006.)

Na doutrina, entre os que compreendem que a sede normativa adequada a disciplinar cooperação e gestão associada dos serviços públicos entre entes federativos é a lei complementar, temos Souto (2005a:202-203) e Borges (2005:2), entre outros.

Por outro lado, as teses em defesa da constitucionalidade da Lei Ordinária nº 11.107/2005 sustentam a desnecessidade de lei complementar instituidora de regras gerais sobre consórcios públicos, já que a referida lei ordinária visa, tão somente, a possibilitar a formação de consórcios públicos para a realização de fins comuns, o que não se confunde com a disposição do parágrafo único do art. 23 da CF/88.

Por todo o exposto, parece correto afirmar que a Lei dos Consórcios Públicos foi editada para disciplinar a atuação conjunta dos entes federados na prestação dos serviços públicos de interesse comum, com fulcro no art. 22, inciso XXVII,[127]

---

[127] Constituição Federal de 1988:
"Art. 22. Compete *privativamente* à União legislar sobre:

da CF/88 (redação dada pela Emenda Constitucional nº 19, de 1998) — dentro da competência privativa da União para editar normas gerais de contratação —, sendo despicienda, também, a veiculação de tal diploma normativo por meio de lei complementar. Portanto, não há que se falar em inconstitucionalidade formal deste normativo.

Sujeitos dos consórcios públicos

Somente os entes federados (União, estados, municípios e o Distrito Federal), ou seja, entes com capacidade política, podem ser sujeitos de um consórcio público, não podendo participar do ajuste entidades privadas ou da administração indireta, consoante o que dispõe o art. 1º da Lei nº 11.107/2005: "Esta Lei dispõe sobre normas gerais para a União, os Estados, o Distrito Federal e os Municípios contratarem consórcios públicos para a realização de objetivos de interesse comum e dá outras providências".

No mesmo sentido, dispõe o art. 2º, inciso I, do Decreto nº 6.017/2007, de 17 de janeiro de 2007, que regulamentou a Lei nº 11.107/2005:

> Art. 2º Para os fins deste Decreto, consideram-se:
>
> I – consórcio público: pessoa jurídica formada *exclusivamente* por entes da Federação, na forma da Lei nº 11.107, de 2005, para estabelecer relações de cooperação federativa, inclusive a realização de objetivos de interesse comum, constituída como associação pública, com personalidade jurídica de direito pú-

---

[...]
XXVII – normas gerais de *contratação*, em todas as modalidades, para as administrações públicas diretas, autárquicas e fundacionais da União, Estados, Distrito Federal e Municípios" [grifos nossos].

blico e natureza autárquica, ou como pessoa jurídica de direito privado sem fins econômicos [grifo nosso].

Daí porque não há que se falar na possibilidade da participação de autarquias ou de fundações de direito público — embora tais entidades possuam personalidade jurídica de direito público — ou de empresas públicas e sociedades de economia mista, que são pessoas jurídicas com personalidade de direito privado.

A Lei nº 11.107/2005 restringe a participação da União em consórcios com os municípios, dispondo que esta somente poderá participar nos casos em que os respectivos estados também estejam consorciados.[128] Como se pode perceber, o legislador visou a evitar a ausência dos estados-membros nos consórcios constituídos por municípios e pela União. No entanto, essa opção não parece ter sido a mais adequada, como adverte Carvalho Filho (2008:21):

> Primeiramente, não se pode desprezar a circunstância de que o objeto do ajuste pode ser de interesse direto dos entes municipais. É possível também que a União tenha o escopo de transferir a execução de certo serviço público diretamente aos Municípios, sendo, pois, dispensável a participação do Estado-membro. A norma, além disso, não se harmoniza com o princípio que garante a prerrogativa de autonomia aos entes federativos (artigo 18 da CF/88).

---

[128] Lei nº 11.107/2005:
"Art. 1º Esta Lei dispõe sobre normas gerais para a União, os Estados, o Distrito Federal e os Municípios contratarem consórcios públicos para a realização de objetivos de interesse comum e dá outras providências.
[...]
§2º A União somente participará de consórcios públicos em que também façam parte todos os Estados em cujos territórios estejam situados os Municípios consorciados".

Medauar e Oliveira (2002:27-28) entendem, com fundamento no §1º, do art. 4º, da Lei nº 11.107/2005, que somente pode haver consórcio entre um estado e municípios que deles façam parte e não entre estados e municípios com sede em estados diversos ou mesmo entre municípios com sedes em estados diversos.[129] Harger (2007:98), contudo, possui interpretação diversa:

> Em que pese o entendimento dos ilustres autores, essa parece não ser a melhor opção. Faz-se essa afirmação devido ao conteúdo do §1º do art. 4º. Conforme se depreende da redação desse dispositivo, ele se destina a regular a abrangência territorial dos consórcios públicos e não a sua constituição. Há expressa referência ao inciso, III, do art. 4º a autorizar essa interpretação. Os sujeitos integrantes do consórcio são disciplinados por outro dispositivo, o inciso II do mesmo artigo. É verdade que a disciplina da abrangência territorial feita pelo §1º do art. 4º não cobre todas as possibilidades apontadas de celebração de consórcios. Por essa razão esse parágrafo deve ser tido como exemplificativo e não exaustivo, *permitindo-se em virtude disso a celebração de consórcios entre Municípios situados em Estados diversos independentemente da participação destes* [grifos nossos].

---

[129] Registre-se, por relevante, que o Decreto nº 6.017, de 17 de janeiro de 2007, que regulamentou a Lei nº 11.107/2005, dispôs, no inciso II, do seu art. 2º, especificamente, sobre as áreas de atuação dos consórcios:
"Art. 2º Para os fins deste Decreto, consideram-se:
[...]
II – área de atuação do consórcio público: área correspondente à soma dos seguintes territórios, independentemente de figurar a União como consorciada:
a) dos Municípios, quando o consórcio público for constituído somente por Municípios ou por um Estado e Municípios com territórios nele contidos;
b) dos Estados ou dos Estados e do Distrito Federal, quando o consórcio público for, respectivamente, constituído por mais de um Estado ou por um ou mais Estados e o Distrito Federal; e
c) dos Municípios e do Distrito Federal, quando o consórcio for constituído pelo Distrito Federal e Municípios".

Tal interpretação deste aspecto da Lei nº 11.107/2005 só vem a fortalecer a importância de um federalismo de cooperação entre os entes; do contrário, estar-se-ia limitando a possibilidade de que sejam fomentados projetos associados entre entidades da federação que não se encontrem ligados por um liame territorial, o que não parece ser o objetivo constitucionalmente desejado.

Natureza jurídica dos consórcios públicos

Diversas são as críticas à terminologia utilizada na Lei nº 11.107/2005. Em seu preâmbulo o diploma em pauta faz referência a "normas gerais de *contratação* de consórcios públicos" e o seu art. 1º estabelece: "normas gerais para a União, os Estados, o Distrito Federal e os Municípios *contratarem consórcios públicos* para a realização de objetivos de interesse comum" [grifos nossos]. Sobre o tema, assim se pronuncia Di Pietro (2005:1221):

> Na realidade, a lei não trata de contratação de consórcios pela União, Estados, Distrito Federal e Municípios, mas de constituição de pessoa jurídica, o que se dá por meio de todo um procedimento, que abrange várias fases, conforme se verá. O contrato corresponde a uma das fases do procedimento de constituição da entidade.

A expressão "contratação" também é criticada por Borges (2005:7). Conforme a autora, os consórcios públicos não possuem natureza contratual, mas, sim, natureza pactual. São acordos, constituindo-se em negócios jurídicos coletivos, nos quais há convergência das vontades dos participantes para determinado fim comum, com características, por exemplo, de liberdade de ingresso e retirada dos partícipes, denúncia unilateral, igualdade de posições jurídicas etc., o que, por sua vez, não ocorre na disciplina contratual.

Não se trata, pois, de um contrato destinado a disciplinar relações jurídicas entre participantes com interesses antagônicos, mas, ao revés, visa à constituição de uma pessoa jurídica para viabilizar os objetivos comuns dos consorciados, prestigiando-se, assim, os ditames da administração pública consensual.[130] Tanto é verdade que todos os entes consorciados devem colaborar, por exemplo, com recursos para a celebração do contrato de rateio, a teor do disposto no art. 8º da Lei nº 11.107/2005: "Art. 8º Os entes consorciados somente entregarão recursos ao consórcio público mediante contrato de rateio".

Em suma, a natureza do pacto celebrado pelos entes consorciados se aproxima mais dos convênios administrativos do que dos contratos. Com efeito, enquanto as partes nos contratos se obrigam a prestações recíprocas, nos convênios não existem obrigações, mas atos de cooperação para a realização de interesses paritários.

Nos convênios, os partícipes não necessitam cooperar de forma igualitária, podendo cada qual colaborar com a sua respectiva *expertise*, seja pela transferência de tecnologias, ou pelo fornecimento de pessoal, capital ou patrimônio.

Trata-se, na verdade, de acordos de vontades visando à consecução de objetivos comuns. Dito em outros termos, são negócios jurídicos que se enquadram no gênero de "pactos da administração", nos quais os partícipes possuem interesses

---

[130] Sobre o fenômeno do consensualismo, confiram-se os ensinamentos de Oliveira (2005:159): "[...] ultrapassa o emprego do contrato para a obtenção de resultados meramente econômicos ou patrimoniais. O ponto ora em destaque diz respeito à extensão e à intensidade com que técnicas consensuais vêm sendo empregadas hodiernamente, como soluções preferenciais — e não unicamente alternativas — à utilização de métodos estatais que veiculem unilateral e impositivamente comandos para os cidadãos, empresas e organizações da sociedade civil. Por isso, uma das linhas de transformação do direito administrativo consiste em evidenciar que, no âmbito estatal, em campos habitualmente ocupados pela imperatividade há a abertura de consideráveis espaços para a consensualidade".

convergentes, o que os diferencia, sobretudo, dos contratos, nos quais os interesses dos envolvidos são, necessariamente, contrapostos.[131] Daí porque Carvalho Filho (2008:26) conclui o seguinte sobre a natureza jurídica dos consórcios públicos:

> Sendo assim, a natureza jurídica dos consórcios é a de acordo plurilateral de cooperação recíproca e, por tal motivo, não será errôneo afirmar que se trata de negócio jurídico mais assemelhado ao convênio, tomado esse instrumento em seu sentido mais amplo: o de ajuste celebrado por pessoas para alcançar um fim comum.

No entanto, o art. 3º da Lei nº 11.107/2005[132] afasta a clássica contraposição doutrinária entre contrato e consórcio, estipulando que o consórcio será formalizado por um "contrato", dependendo da subscrição do protocolo de intenções e da sua posterior ratificação por meio de lei. A vantagem do instrumento contratual — em detrimento do convênio — é que não há livre-denúncia, o que confere maior estabilidade ao referido pacto e, consequentemente, maior segurança jurídica para a realização de investimentos.

Personalidades jurídicas criadas pela Lei de Consórcios

Até a promulgação da Lei nº 11.107/2005, a doutrina compreendia que, da mesma forma que os convênios, os consórcios

---

[131] Sobre o tema, são as sempre atuais lições de Hely Lopes Meirelles: "No contrato, as partes têm interesses diversos e opostos; no convênio, os partícipes têm interesses comuns e coincidentes. Por outras palavras: no contrato há sempre duas partes (podendo ter mais de dois signatários); uma, que pretende o objeto do ajuste (a obra, o serviço etc.); outra, que pretende a contraprestação correspondente (o preço, ou qualquer outra vantagem), diversamente do que ocorre no convênio, em que não há partes, mas unicamente partícipes com as mesmas pretensões" (Meirelles, 1993a:354).
[132] Veja-se o dispositivo: "Art. 3º O consórcio público será constituído por *contrato* cuja celebração dependerá da prévia subscrição de protocolo de intenções" [grifo nosso].

não possuíam personalidade jurídica, sendo apenas acordos de vontade para a realização de determinado fim.

A distinção tradicionalmente feita entre consórcios e convênios era a de que aqueles seriam utilizados quando os entes consorciados fossem do mesmo nível federativo, enquanto estes poderiam ser realizados entre pessoas e entidades diferentes.

Por não possuírem personalidade jurídica, a doutrina estabelecia alternativas que viabilizassem os consórcios, entre as quais podem ser destacadas: a criação de comissão executiva para administrar e assumir direitos e obrigações em nome dos partícipes do consórcio, indicação de um dos partícipes como líder, formação de um fundo com verbas oriundas dos entes consorciados etc.

Por conta dessa fragilidade do vínculo entre os convenentes é que, muitas vezes, torna-se imperiosa a personificação do ajuste, com a constituição de uma nova pessoa jurídica, para que seja dada estabilidade às relações obrigacionais travadas entre os participantes. Tal lógica foi adotada nos consórcios públicos previstos na Lei nº 11.107/2005, como nos ensinam Araújo e Magalhães (2008:132):

> Além da mencionada particularidade no tocante aos partícipes, outro grande fator distintivo entre os o consórcios e convênios reside em que aqueles visam, necessariamente, à constituição de uma pessoa Jurídica, a quem incumbirá a execução das atividades necessárias ao cumprimento dos fins visados pelo consórcio.

Com o advento da Lei nº 11.107/2005, conforme seu art. 6º, *caput*, I, II,[133] os consórcios públicos ganham personali-

---

[133] Veja-se os dispositivos:
"Art. 6º O consórcio público adquirirá personalidade jurídica:
I – de direito público, no caso de constituir associação pública, mediante a vigência das leis de ratificação do protocolo de intenções;
II – de direito privado, mediante o atendimento dos requisitos da legislação civil".

dade jurídica própria, sendo pessoas jurídicas de direito público (na forma de associação pública) ou de direito privado.

Constituído como associação pública, após a vigência da lei de ratificação do protocolo de intenções passa a integrar a administração indireta de todos os entes da federação consorciados, conforme estabelece o §1º, do art. 6º, da Lei de Consórcios. Sendo assim, possui os privilégios e prerrogativas das pessoas jurídicas de direito público.

Um dos questionamentos sobre o tema envolve a possibilidade de norma infraconstitucional instituir nova entidade administrativa, conforme o disposto no art. 37, XIX, da CF/88.

Quando na forma de associação pública, o consórcio público, conforme o art. 41, IV, do Código Civil, é considerado pessoa jurídica de direito público interno. Frise-se, aqui, que muitos doutrinadores[134] passaram a compreender as associações públicas como autarquias pluripessoais,[135] e, portanto, apesar

---

[134] Nesse sentido, ver Marques Neto (2005).
[135] Registre-se que o Supremo Tribunal Federal já teve a oportunidade de asseverar, ainda sob a vigência da Constituição de 1946, que seria inconstitucional a criação de uma autarquia interfederativa, como se vê no Informativo nº 247 de sua jurisprudência: "Autarquia interestadual. Inexistência. No sistema constitucional brasileiro, não há a possibilidade de criação de autarquia interestadual mediante a convergência de diversas unidades federadas, porquanto compete à União o desenvolvimento, planejamento e fomento regional. Com esse entendimento, o Tribunal, por maioria, julgou improcedente a ação declaratória de inexistência de relação jurídico-tributária entre a União e o Banco Regional de Desenvolvimento do Extremo Sul — BRDES — ajuizada pelo BRDES juntamente com os Estados do Rio Grande do Sul, do Paraná e de Santa Catarina, atraindo a competência originária do STF para o julgamento da causa —, mediante a qual se pretendia ver reconhecida, com base em sua alegada natureza jurídica de autarquia interestadual de desenvolvimento, a imunidade tributária prevista no art. 150, VI, a, §2º, da CF. Vencido o Min. Néri da Silveira, que dava pela procedência da ação, reconhecendo a natureza autárquica do BRDES e, por via de consequência, sua imunidade tributária, sob o fundamento de que fora constituído por convênio dos referidos Estados, com a intervenção da União, cujo funcionamento foi autorizado pelo Decreto Presidencial 51.617/62, que não foi revogado, não podendo um parecer do Ministério da Fazenda afastar o referido Decreto. O Tribunal, também por maioria, vencido o Min. Marco Aurélio, afastou a preliminar de que os Estados do Rio Grande do Sul, do Paraná e de Santa Catarina não teriam legitimidade *ad causam* para a ação, o que acarretaria a incompetência do STF para julgá-la, uma vez que os referidos Estados constituíram o

do estabelecido no art. 37, XIX, da Constituição, as associações públicas também passam a integrar a administração indireta como subespécie de autarquias.

Os principais publicistas brasileiros[136] entendem não existir reserva constitucional para a criação de novos entes administrativos, sendo, portanto, matéria passível de ser disciplinada por lei.

Daí porque, numa interpretação que tome por base o princípio da presunção de constitucionalidade das leis, é possível prever a criação de um novo formato de entidade na administração indireta — a associação — além da autarquia, empresa pública, sociedade de economia mista e fundação.

De outro lado, para as matérias que não exijam disciplina pelo direito público, poderá ser estabelecido o regime de direito privado, conforme o art. 6º, §2º, da Lei nº 11.107/2005, sendo que tal entidade ainda estará sujeita às normas de direito público, especialmente a necessidade da realização de procedimento licitatório, prestação de contas e contratação de pessoal.

A crítica a isso é que sobra muito pouco para o exercício de competências públicas pelo regime de direito privado. Confira-se o posicionamento de Borges (2005:13):

> Compartilhamos as mesmas preocupações que tem manifestado a doutrina, ao longo dos anos, com respeito a entregar-se a administração do consórcio público a uma associação regida pelo direito privado, mesmo com as cautelas introduzidas

---

BRDES. Precedentes citados: RE 120.932-RS (DJU de 30-4-92); ADI 175-PR (DJU de 8-10-93) ACO 303-RS, rel. Min. Moreira Alves, 25-10-2001".
O contexto normativo atual autorizaria uma interpretação diversa, uma vez que o ordenamento jurídico pátrio consagrou, após a modificação do art. 241 da Constituição da República pela edição da Emenda Constitucional nº19/1998, a possibilidade expressa de os entes federativos se associarem por meio de consórcios personalizados.
[136] Entre eles, destacamos Justen Filho (2005).

pelo art. 6º, §2º. Não nos parece que a personalidade de direito privado seja adequada para reger as relações a serem travadas exclusivamente entre pessoas de direito público interno. Ainda mais, quando a Lei em comento traçou uma série de competências para os consórcios públicos em geral, que veremos a seguir, sem distinguir-lhes a espécie de regime jurídico. Ora, o desempenho de algumas dessas competências efetivamente não se coaduna com um regime de direito privado. Demais disso, se esses consórcios de direito privado estão sujeitos às limitações do art. 6º, §2º, já citadas, não atinamos com a utilidade prática da adoção de tal regime.

Em síntese, questiona-se não ser a personalidade jurídica de direito privado adequada para o exercício de funções típicas de Estado. Note-se que o legislador, ao que parece, com base nestas críticas, buscou estimular a constituição de consórcios públicos na norma de associação pública,[137] como se vê no art. 39 do Decreto nº 6.017/2007: "A partir de 1º de janeiro de 2008 a União somente celebrará convênios com consórcios públicos constituídos sob a forma de associação pública ou que para essa forma tenham se convertido".

A Lei nº 11.101/2005 não determinou, entre as formas previstas no art. 44 do Código Civil, qual deverá ser a modalidade adotada para a constituição de consórcio com personalidade jurídica de direito privado.

Recorrendo-se a uma interpretação sistemática da Lei nº 11.101/2005, notadamente do seu art. 15, que preceitua que a organização e funcionamento dos consórcios públicos serão disciplinados pela legislação que rege as associações civis, pode-se afirmar que a formatação jurídica a ser adotada por esse tipo de

---

[137] Nesse sentido, ver Souza (2010:69).

consórcio seria a de associação civil nos moldes do Código Civil. Nesse sentido são os ensinamentos de Carvalho Filho (2008:34):

> Pela peculiaridade do negócio jurídico formador do consórcio público, a natureza jurídica deste, quando pessoa jurídica de direito privado, é a de associação. Há mais um fundamento para tanto. De plano, é preciso considerar que a essência do consórcio é seu caráter associativo, de cooperação mútua entre os pactuantes, o que caracteriza as associações. Além disso, o art. 15 da Lei nº 11.107/2005 estabelece que, no que não contrariar essa lei, a organização e o funcionamento dos consórcios serão disciplinados pela legislação que rege as associações civis.

Vale aqui frisar que, independentemente da natureza pública ou privada dos consórcios públicos, foram estabelecidos alguns instrumentos para a sua atuação, como, por exemplo, a possibilidade de firmar convênios, contratos, acordos de qualquer natureza, receber auxílios, contribuições e subvenções sociais ou econômicas de outras entidades e órgãos do governo (art. 2º, §1º, I, Lei nº 11.107/2005); ser contratado pela administração direta ou indireta dos entes da federação consorciados, com dispensa de licitação (art. 2º, §1º, III, Lei nº 11.107/2005).

As licitações nos consórcios públicos

O art. 2º, inciso III, §1º, da Lei nº 11.107/2005 preceitua que os consórcios públicos poderão ser contratados pela administração direta ou indireta de todos os entes da federação para propiciar a realização de seus objetivos, sendo dispensada a realização de procedimento licitatório. Veja-se:

> Art. 2º Os objetivos dos consórcios públicos serão determinados pelos entes da Federação que se consorciarem, observados os limites constitucionais.

§1º Para o cumprimento de seus objetivos, o consórcio público poderá:

[...]

III – ser contratado pela administração direta ou indireta dos entes da Federação consorciados, dispensada a licitação.

Não há dúvida de que esta causa (licitação dispensada) tem por objetivo a preservação da economicidade e da eficiência nas contratações diretas, por meio da descentralização administrativa.

Cumpre registrar, por relevante, que o art. 17 da Lei nº 11.107/2005 acrescentou o inciso XXVI[138] ao art. 24 da Lei nº 8.666/1993, para consagrar o caso de dispensa de licitação quando for celebrado contrato de programa com ente da federação ou com entidade de sua administração indireta, para a prestação de serviços públicos de forma associada nos termos do autorizado em contrato de consórcio público ou em convênio de cooperação.

O mesmo art. 17 da referida lei introduziu dois novos parágrafos[139] ao art. 112 da Lei nº 8.666/1993, permitindo que

---

[138] Lei nº 8.666:
"[...]
Art. 24. É dispensável a licitação:
[...]
XXVI – na celebração de contrato de programa com ente da Federação ou com entidade de sua administração indireta, para a prestação de serviços públicos de forma associada nos termos do autorizado em contrato de consórcio público ou em convênio de cooperação." (Incluído pela Lei nº 11.107, de 2005)
[139] Art. 17 da Lei nº 11.107/2005:
"[...]
Art. 112. [...]
§1º Os consórcios públicos poderão realizar licitação da qual, nos termos do edital, decorram contratos administrativos celebrados por órgãos ou entidades dos entes da Federação consorciados.
§2º É facultado à entidade interessada o acompanhamento da licitação e da execução do contrato (NR)".

os consórcios realizem licitação da qual decorram contratos administrativos celebrados por órgãos ou entidades da federação consorciados, além de facultar à entidade interessada o acompanhamento da licitação e da execução do contrato. Trata-se da implementação de uma licitação compartilhada, que vem a privilegiar o princípio da economicidade, como nos ensina Fortini (2008:236):

> Fato é que a realização de uma só licitação, da qual decorreriam distintos contratos, com vários entes, poderia significar um ganho para os entes consorciados e para suas entidades, partindo-se do princípio de que ao licitarem, por exemplo, a compra de um volume maior de produtos, o preço final a ser pago estaria em patamar inferior quando comparado àquele que seria alcançado caso as licitações fossem realizadas individualmente, pelos entes consorciados. Certamente, do ponto de vista da economicidade, o dispositivo teria respaldo, porque permitiria, em tese, uma economia de escala.

Tal possibilidade da realização de uma licitação compartilhada vem regulamentada pelo Decreto nº 6.017/2007, nos seguintes termos:

> Art. 19. Os consórcios públicos, se constituídos para tal fim, podem realizar licitação cujo edital preveja contratos a serem celebrados pela administração direta ou indireta dos entes da Federação consorciados, nos termos do §1º do art. 112 da Lei nº 8.666, de 21 de junho de 1993.

Controle e fiscalização dos consórcios públicos

A primeira forma de controle é interna, ou autotutela, que é feita pela própria administração pública. O consórcio público possui como órgão deliberativo máximo a Assembleia Geral (integrada exclusivamente por chefes do Executivo dos entes federados participantes ou substitutos por eles indicados).[140]

Frise-se que o consórcio público, com personalidade de direito público, tem a natureza de autarquia e, portanto, o controle exercido pela administração direta não deve ser tão rígido, respeitando, sempre, a sua autonomia.

O controle externo se dá pelo tribunal de contas competente para apreciar as contas do chefe do Poder Executivo, representante legal do consórcio, atendendo ao princípio da economicidade e visando a uma atuação racional das cortes auxiliares do Poder Legislativo, conforme estabelecido no parágrafo único do art. 9º da Lei nº 11.107/2005.[141]

Tal previsão de controle, notadamente em relação aos aspectos operacionais e contábeis, consta, da mesma forma, do Decreto nº 6.017/2007:

> Art. 12. O consórcio público está sujeito à fiscalização contábil, operacional e patrimonial pelo Tribunal de Contas competente

---

[140] Ver: ACO 503/RS – Rel. Min. Moreira Alves. Julgamento em 25-10-2001. Órgão julgador: Tribunal Pleno. Publicação: DJ. Data: 5-9-2003, p. 30. Ement. Vol-02122-01, p. 00032; RE 120932/RS – Recurso Extraordinário. Rel. Min. Sepúlveda Pertence. Julgamento em 24-3-1992. Órgão julgador: Primeira Turma. Publicação: DJ. Data: 30-4-1992, p. 05725. Ement Vol-01659-02, p. 255. RTJ. Vol-00141-01, p. 273; AI 148917 AgR/PR – Ag. Regimental no Ag. de Instrumento. Rel. Min. Ilmar Galvão. Julgamento em 24-5-1994. Órgão julgador: Primeira Turma. Publicação: DJ. Data: 9-12-1994, p. 34087. Ement. Vol-01770-03, p. 612.
[141] Veja-se o dispositivo:
"Art. 9º A execução das receitas e despesas do consórcio público deverá obedecer às normas de direito financeiro aplicáveis às entidades públicas.
Parágrafo único. O consórcio público está sujeito à fiscalização contábil, operacional e patrimonial pelo Tribunal de Contas competente para apreciar as contas do Chefe do Poder Executivo representante legal do consórcio, inclusive quanto à legalidade, legitimidade e economicidade das despesas, atos, contratos e renúncia de receitas, sem prejuízo do controle externo a ser exercido em razão de cada um dos contratos de rateio".

para apreciar as contas do seu representante legal, inclusive quanto à legalidade, legitimidade e economicidade das despesas, atos, contratos e renúncia de receitas, sem prejuízo do controle externo a ser exercido em razão de cada um dos contratos que os entes da Federação consorciados vierem a celebrar com o consórcio público.

Vale ressaltar que, quanto aos contratos de rateio, a fiscalização externa se dá pela corte de contas de cada consorciado, sendo certo que as cláusulas deste contrato não poderão conter disposição tendente a afastar, ou a dificultar a fiscalização exercida pelos órgãos de controle interno e externo ou pela sociedade civil de qualquer dos entes da federação consorciados.

Criação, alteração e extinção

Na constituição de um consórcio público devem ser observadas as seguintes fases:

- formulação de um protocolo de intenções, devidamente publicado na imprensa oficial (art. 3º e art. 4º, §5º, da Lei nº 11.107/2005);
- ser promulgada lei por cada um dos partícipes, ratificando, total ou parcialmente, o protocolo de intenções (art 5º da Lei nº 11.107/2005) ou disciplinando a matéria (art. 5º, §4º, da Lei nº 11.107/2005);
- celebraçao de um "contrato" de consórcio (art. 3º da Lei nº 11.107/2005);
- elaboração de um estatuto do consórcio;
- contrato de rateio;
- contrato de programa;

❑ em se tratando de consórcio com personalidade de direito privado, deverão ser atendidos os requisitos da legislação civil (em especial os arts. 45 e 46 do Código Civil).[142]

O protocolo de intenções, conforme o art. 4º da Lei de Consórcios, é o instrumento que manifesta a intenção em celebrar um acordo, no qual se estabelecem cláusulas para possível concretização do consórcio, não acarretando, entretanto, nenhum tipo de sanção pelo seu descumprimento. O protocolo de intenções deve ser ratificado mediante lei de cada um dos entes da federação que o subscreveram.

Tal ratificação poderá ser plena ou com reservas.[143] Sobre o assunto, Souto (2005a:205) assevera que:

> Só serão aceitas reservas que digam respeito ao ente da Federação que as apresentar à vigência de cláusula, parágrafo, inciso ou alínea do protocolo de intenções, ou que imponham condições para a vigência de qualquer desses dispositivos.

Cabe ressaltar que a ratificação do protocolo de intenções é dispensada, nos termos do §4º do art. 5º, da Lei nº 11.107/2005, se o ente da federação, antes de subscrever o protocolo de intenções, disciplinar por lei a sua participação no acordo. Ainda, conforme o parágrafo anterior do mesmo dispositivo da lei, se a ratificação for feita dois anos após subscrição do protocolo de intenções, carecerá de homologação da Assembleia Geral do consórcio.

---

[142] Segundo o art. 45, *caput*, do atual Código Civil, "começa a existência legal das pessoas jurídicas de direito privado com a inscrição do ato constitutivo no respectivo registro, precedida, quando necessário, de autorização ou aprovação do Poder Executivo, averbando-se no registro todas as alterações que passar o ato constitutivo". Já o art. 46 do NCC estabelece os dados que obrigatoriamente deverão constar do registro.
[143] Art. 5º, §2º, da Lei nº 11.107/2005.

Após a ratificação do protocolo de intenções, poderá ser celebrado o *contrato de constituição do consórcio*, devendo ser utilizado este instrumento para a aprovação do estatuto do consórcio. Em outras palavras, o estatuto deve atender a todas as cláusulas do contrato, sob pena de nulidade, dispondo, também, sobre a organização e funcionamento dos órgãos constitutivos do consórcio.

Instrumento essencial para o consórcio, o *contrato de rateio* assegura o repasse de recursos de cada ente consorciado para a realização de suas despesas. Trata-se, pois, de um "contrato" por meio do qual os entes da federação consorciados comprometem-se a fornecer recursos para a realização de despesas do consórcio público (que depende, pois, da previsão de recursos orçamentários que suportem o pagamento das obrigações contratadas, sob pena de responsabilidade civil, administrativa e criminal dos gestores do consórcio público e do ente da federação contratante).[144]

Frise-se que esses recursos devem ser previstos na lei orçamentária de cada um dos partícipes. Portanto, o contrato de rateio deve ser firmado anualmente, seguindo as dotações orçamentárias que o suportam, salvo duas exceções: para contratos que tenham por objeto projetos contemplados em plano

---

[144] A própria Lei nº 8.429/1992, que "dispõe sobre as sanções aplicáveis aos agentes públicos nos casos de enriquecimento ilícito no exercício de mandato, cargo, emprego ou função na administração pública direta, indireta ou fundacional" (Lei de Improbidade Administrativa) sofreu alterações pela Lei nº 11.107/2005 para se tipificarem as seguintes condutas: "Art. 10. Constitui ato de improbidade administrativa que causa lesão ao erário qualquer ação ou omissão, dolosa ou culposa, que enseje perda patrimonial, desvio, apropriação, malbaratamento ou dilapidação dos bens ou haveres das entidades referidas no art. 1º desta lei", e notadamente, "XIV – celebrar contrato ou outro instrumento que tenha por objeto a prestação de serviços públicos por meio da gestão associada sem observar as formalidades previstas na lei; (Incluído pela Lei nº 11.107, de 2005); XV – celebrar contrato de rateio de consórcio público sem suficiente e prévia dotação orçamentária, ou sem observar as formalidades previstas na lei. (Incluído pela Lei nº 11.107, de 2005)".

plurianual e no caso de gestão associada de serviços públicos custeados por preço público ou tarifa conforme expresso no art. 8º, §1º, da Lei nº 11.107/2005.

De acordo com o art. 13, §5º, da Lei de Consórcios, ficam obrigados os entes a celebrar um contrato de programa, no qual devem estabelecer as obrigações constituídas entre si ou para um consórcio público, em caso onde haja prestação de serviços públicos por meio de gestão associada, ou transferência total ou parcial de encargos, serviços, pessoal e bens essenciais à continuidade dos serviços prestados. Esse contrato deve observar a legislação das concessões e permissões de serviços públicos no que tange à regulação de serviços e ao cálculo de tarifas e preços públicos. Ainda sobre esse contrato, conforme o art. 13, §3º, da Lei nº 11.107/2005, é vedado atribuir ao contratado o exercício dos poderes de planejamento, regulação e fiscalização dos serviços por ele mesmo prestados. E, vale frisar, o contrato de programa estará extinto se a entidade que o celebrou deixar de integrar o acordo.[145]

O art. 12 da Lei nº 11.107/2005 determina que a alteração ou extinção do consórcio dependerá de instrumento aprovado pela Assembleia Geral e ratificado, mediante lei, por todos os entes consorciados.

Evidente que um consorciado não pode ser obrigado a se manter no consórcio, mas é igualmente claro que, caso queira o ente retirar-se, depende de ato formal de seu representante na Assembleia Geral, na forma prevista em lei,[146] e seus bens utilizados no consórcio somente serão revertidos ou retrocedidos para este se houver previsão expressa no contrato de consórcio

---

[145] Vale ressaltar que o contrato de programa poderá continuar vigorando mesmo quando já extinto o consórcio público ou o convênio, nos termos do art. 13, §4º, da Lei nº 11.107/2005.
[146] Art. 11 da Lei nº 11.107/2005.

ou no instrumento de transferência ou alienação. Isto porque, adotada a opção pelos formatos da Lei nº 11.107/2005, impõe-se que, para se examinar a questão da alteração e extinção dos consórcios públicos, seja preciso percorrer todos os elementos e formalidades que levam ao seu surgimento; afinal, a alteração e extinção impactam diversas decisões e definições tomadas em cada uma dessas etapas, produzindo efeitos sobre o orçamento e sobre o contrato de gestão.

Por derradeiro, registre-se que a extinção de contrato de consórcio público dependerá de instrumento aprovado pela Assembleia Geral, ratificado mediante lei por todos os entes consorciados, sendo certo que até que haja decisão que indique os responsáveis por cada obrigação, os entes consorciados responderão solidariamente pelas obrigações remanescentes, garantindo o direito de regresso em face dos entes beneficiados ou dos que deram causa à obrigação. Trata-se, como observado por Carvalho Filho (2008:125), de uma nova hipótese de solidariedade legal.

> Ocorre a solidariedade quando, na mesma obrigação, há o concurso de mais de um credor, ou mais de um devedor; cada credor tem direito e cada devedor está obrigado à dívida toda. A fonte da solidariedade é lei ou contrato. O caso, portanto, do artigo 12, §2º, é de solidariedade legal.

Tipos de pactos da Lei de Consórcios Públicos: contratos de programa, contratos de rateio e os convênios de cooperação

() contrato de programa tem por finalidade constituir e disciplinar as obrigações entre os entes federados consorciados, no âmbito da gestão associada dos serviços públicos, nos termos do inciso XVI, do art. 2º, do Decreto nº 6.017/2007:

Art. 2º Para os fins deste Decreto, consideram-se:

[...]

XVI – instrumento pelo qual devem ser constituídas e reguladas as obrigações que um ente da Federação, inclusive sua administração indireta, tenha para com outro ente da Federação, ou para com consórcio público, no âmbito da prestação de serviços públicos por meio de cooperação federativa.

Medauar e Oliveira (2002:101) conceituam contrato de programa como:

> O ajuste que tem por finalidade constituir e regulamentar as obrigações que um ente da Federação terá para com outro ente de Federação ou para com um consórcio público, sempre no âmbito da gestão associada dos serviços públicos.

Carvalho Filho (2008:129), a seu turno, leciona que:

> Pode-se conceituar o contrato de programa como sendo o ajuste mediante o qual são constituídas e reguladas as obrigações dos contratantes decorrentes do processo de gestão associada, quando dirigida à prestação de serviços públicos ou transferência de encargos, serviços e pessoal, ou de bens necessários ao prosseguimento regular dos serviços.

Esse tipo contratual deve se submeter à Lei de Concessões e Permissões, no que não contrariar o regime específico do contrato de programa e, especialmente, no que se refere ao cálculo de tarifas e de outros preços públicos, além da regulação dos serviços a serem prestados. Deverá, também, prever procedimentos que garantam a transparência da gestão econômica e financeira de cada serviço em relação a cada um de seus titulares.

O objeto do contrato de programa é a gestão associada dos serviços públicos, que poderá envolver a própria prestação dos serviços públicos ou a transferência, total ou parcial, de encargos, serviços, pessoal e bens necessários à continuidade dos serviços transferidos.

No caso de a gestão associada originar a transferência total ou parcial de encargos, serviços, pessoal e bens essenciais à continuidade dos serviços transferidos, o contrato de programa, sob pena de nulidade, deverá conter cláusulas que estabeleçam:

- os encargos transferidos e a responsabilidade subsidiária da entidade que os transferiu;
- as penalidades no caso de inadimplência em relação aos encargos transferidos;
- o momento de transferência dos serviços e os deveres relativos à sua continuidade;
- a indicação de quem arcará com o ônus e os passivos do pessoal transferido;
- a identificação dos bens que terão apenas a sua gestão e administração transferidas e o preço dos que sejam efetivamente alienados ao contratado;
- o procedimento para o levantamento, cadastro e avaliação dos bens reversíveis que vierem a ser amortizados mediante receitas de tarifas.

Cumpre registrar que são vedadas no contrato de programa, sob pena de nulidade, cláusulas que atribuam ao contratado o planejamento das atividades atinentes à identificação, qualificação, quantificação, organização e orientação de todas as ações, públicas e privadas, por meio das quais um serviço público deve ser prestado ou colocado à disposição de forma adequada; a regulação de todo e qualquer ato, normativo ou não, que discipline ou organize um determinado serviço público, incluindo suas características, padrões de qualidade, impacto socioambiental, direitos e obrigações dos usuários e dos responsáveis por sua oferta ou prestação e fixação e revisão do valor de tarifas e outros preços públicos; e a fiscalização das atividades de acompanhamento, monitoramento, controle ou avaliação, no sentido de garantir a utilização, efetiva ou potencial, do serviço público.[147]

No que tange ao regime licitatório dos contratos de programa, como já dito, foi incluído o inciso XXVI no art. 24 da Lei nº 8.666/1993, que estipulou ser dispensável a licitação na celebração de contrato de programa com ente da federação ou com entidade de sua administração indireta, para a prestação de serviços públicos de forma associada, nos termos do autorizado em contrato de consórcio público ou em convênio de cooperação. No entanto, o legislador não disciplinou o regime licitatório para celebração dos contratos de programa entre os entes federados, antes mesmo da constituição do consórcio, consoante determina o art. 13 da Lei nº 11.107/2005. Entretanto, malgrado a omissão legislativa, neste pacto também predomina a convergência dos interesses, o que afastaria na mesma medida a necessidade da realização de procedimento licitatório, como ensina Oliveira (2009:150):

> Note-se que a previsão expressa refere-se ao contrato de programa celebrado no âmbito do consórcio público, silenciando o legislador em relação ao contrato de programa que pode ser celebrado entre entes federados, independentemente da formalização do contrato consórcio (art. 13 da Lei nº 11.107/05). Não obstante a omissão legal e a taxatividade do rol do art. 24 da Lei de Licitação, caso seja considerado o contrato de programa como verdadeiro convênio (união de esforços, sem

---

[147] §3º, art. 13, da Lei nº 11.107/2005.

contraposição de interesses), poder-se-ia afastar a licitação, nesta última hipótese, como normalmente faz a jurisprudência no que tange aos convênios tradicionais firmados com fulcro no art. 116 da Lei nº 8.666/93.

Por fim, é de se ressaltar que o contrato de programa continuará vigente mesmo quando extinto o consórcio público ou o convênio de cooperação que autorizou a gestão associada de serviços públicos, consagrando a sua autonomia em face da existência da pessoa jurídica constituída, privilegiando, assim, o princípio da segurança jurídica. Sobre a autonomia do contrato de programa, recorre-se, mais uma vez, aos ensinamentos de Medauar e Oliveira (2002:111):

> No entanto, percebe-se que o legislador pretendeu privilegiar a regularidade e a continuidade da prestação dos serviços públicos, beneficiando assim eventuais direitos e expectativas dos usuários. Além disso, parece que o intuito deste preceito também foi o de salvaguardar direitos de terceiros, como, por exemplo, fornecedores de bens e serviços ao contratado no ajuste de programa. As duas hipóteses mencionadas justificam a opção do legislador, e configuram homenagens aos princípios da segurança jurídica (proteção de direitos) e da confiança legítima (proteção das expectativas de direitos).

O *contrato de rateio*, por sua vez, visa a disciplinar as obrigações financeiras assumidas pelos entes conveniados, sendo, pois, um contrato paralelo ao contrato de consórcio público, devendo obedecer aos princípios da responsabilidade fiscal. Nesse sentido, são os ensinamentos de Justen Filho (2006:694):

> Assim, deverá haver uma partilha anual de despesas, formalizada em um acordo (denominado contrato de rateio, segundo o

art. 8º). As obrigações serão assumidas de acordo com os princípios norteadores das despesas públicas — o que significa a existência de autorização orçamentária, por exemplo. Mas se admite a assunção de obrigações por período superior ao exercício orçamentário nos casos constitucionalmente admitidos (programas contemplados no plano plurianual ou encargos custeados por remuneração específica).

Vale, ainda, notar que o art. 4º, §3º, da Lei nº 11.107/2005 proibiu a transferência de recursos dos entes federados para os consórcios, ressalvando as hipóteses de doação, destinação ou uso de bens móveis ou imóveis. Confira-se o dispositivo:

> Art. 4º São cláusulas necessárias do protocolo de intenções as que estabeleçam:
>
> [...]
>
> §3º É nula a cláusula do contrato de consórcio que preveja determinadas contribuições financeiras ou econômicas de ente da Federação ao consórcio público, salvo a doação, destinação ou cessão do uso de bens móveis ou imóveis e as transferências ou cessões de direitos operadas por força de gestão associada de serviços públicos.

Por fim, a lei federal disciplina os convênios de cooperação, que são pactos firmados exclusivamente por entes da federação, com o objetivo de autorizar a gestão associada de serviços públicos, desde que ratificado ou previamente disciplinado por lei editada por cada um deles. Ao que parece, o procedimento a ser adotado para a formalização dos consórcios não pode ser utilizado para a formalização dos convênios, sendo este instrumento disciplinado pelo regramento disposto no art. 116 da Lei nº 8.666/1963.

O regime jurídico de consórcio público especial da Autoridade Pública Olímpica (APO): a Medida Provisória nº 489/2010

Em 12 de maio de 2010 foi editada a Medida Provisória nº 489, que autoriza a União a integrar, na forma de consórcio público de regime especial, a Autoridade Pública Olímpica (APO). Esse consórcio público será integrado pela União, pelo estado do Rio de Janeiro e pelo município do Rio de Janeiro, com objetivo de coordenar a participação destes entes da federação na preparação e na realização dos Jogos Olímpicos e Paraolímpicos de 2016, especialmente para assegurar o cumprimento das obrigações por eles assumidas perante o Comitê Olímpico Internacional (COI).

Ao consórcio público especial da Autoridade Pública Olímpica (APO) caberão o planejamento e, excepcionalmente, a administração, a execução e a fiscalização das obras e serviços necessários à realização deste evento desportivo.

Tal consórcio será formatado nos moldes da Lei nº 11.107/2005.[148] Nesse sentido, dispõe a Medida Provisória nº 489/2010 que o protocolo de intenções, precedente a este consórcio, terá as mesmas cláusulas previstas no art. 4º da Lei nº 11.107/2005, exceto as relativas à forma de eleição e à duração do mandato do representante legal do consórcio público e às limitações de sua área de atuação.

Registre-se, ainda, que, conforme a MP nº 489/2010, em seu art. 5º:

> A APO terá como instância máxima o Conselho Público Olímpico, constituído pelos chefes dos poderes executivos da União,

---

[148] Art. 9º da Medida Provisória nº 489/2010: "Aplicam-se subsidiariamente à APO os dispositivos da Lei nº 11.107, de 2005, que não conflitem com o disposto nesta Medida Provisória".

que o presidirá, do estado do Rio de Janeiro e do município do Rio de Janeiro, ou por representantes por eles designados.

§1º O Presidente da APO será indicado e nomeado pelo Presidente da República, para exercer mandato de quatro anos, após aprovação pelo Senado Federal, nos termos da alínea "f" do inciso III do art. 52 da Constituição, permitida a recondução.

A aquisição de bens e a contratação de obras e serviços, inclusive de engenharia, necessários à realização dos Jogos Olímpicos e Paraolímpicos de 2016, constantes da carteira de projetos olímpicos a ser definida pela APO, ou relacionados à infraestutura aeroportuária necessária à realização da Copa do Mundo Fifa 2014, observarão um processo licitatório diferenciado.[149]

Conclusões

Com base em todo o exposto, podem-se resumir as conclusões deste ensaio em proposições objetivas:

---

[149] Confira-se, por relevante, os dispositivos que disciplinam este tipo de certame:
"Art. 12. Para aquisição de bens e contratação de obras e serviços previstos no art. 11, poderão ser adotados inversão de fases e de etapas dos procedimentos licitatórios, bem como sistema de registro de preços.
§1º. As licitações e contratos referidos no *caput* poderão exigir requisitos de sustentabilidade ambiental.
§2º Nas licitações do tipo técnica e preço para aquisição dos bens ou contratação de obras e serviços previstos no art. 11, as propostas apresentadas poderão ser avaliadas e pontuadas conforme parâmetros objetivos referentes a sustentabilidade ambiental, conforme previsto no edital.
Art. 13. As licitações poderão adotar modalidade de disputa aberta, na qual haverá oferta pelos licitantes de lances públicos e sucessivos de preços, crescentes ou decrescentes, conforme o tipo de julgamento adotado, e a fechada, na qual a proposta será entregue em documento sigiloso, pelos licitantes, ficando nessa condição até a data designada para a sua divulgação.
Parágrafo único. As modalidades de disputa referidas no *caput* poderão ser combinadas, conforme definido no regulamento próprio e no instrumento convocatório.
Art. 14. As licitações deverão ser realizadas, preferencialmente, de forma eletrônica, admitindo-se a presencial".

❏ O referido contrato de consórcio público, introduzido no ordenamento jurídico por meio da Lei nº 11.107/2005, poderá apresentar alguns problemas para sua implementação, tendo em vista o formalismo excessivo na sua celebração, a pouca utilidade dos consórcios privados, bem como a briga política pelo peso dos votos nas assembleias.

❏ Por outro lado, existem razões que militam em favor de sua formatação com sucesso, no âmbito da gestão associada de serviços públicos, como, por exemplo, a viabilidade de os contratos de programa persistirem mesmo diante do fim do consórcio, além de se ampliar a segurança jurídica dos investimentos pela personificação desse pacto.

Questões de automonitoramento

1. Após ler o material, você é capaz de resumir o caso gerador do capítulo 6, identificando as partes envolvidas, os problemas atinentes e as soluções cabíveis?
2. Discorra sobre a constitucionalidade da Lei nº 11.107/2005.
3. Identifique os sujeitos dos consórcios.
4. Quais as etapas de constituição de um consórcio público?
5. Explique as formas de criação, alteração e extinção dos consórcios públicos.
6. Você é capaz de diferenciar: contratos de programa, contratos de rateio e convênios de cooperação?
7. Pense e descreva, mentalmente, outras alternativas para solução do caso gerador do capítulo 6.

6

Sugestões de casos geradores

O princípio da subsidiariedade e a partilha de competências entre Estado e sociedade

O governo do estado de Pernambuco cogita incluir empresa pública de navegação no programa estadual de desestatização, em função dos altos custos gerados pelas atividades prestadas. As sociedades exploradoras do mercado de produtos vegetais, dependentes do transporte para a realização de seus negócios, se manifestam publicamente no sentido de que a privatização nesse domínio não encontra respaldo fático na situação econômica da região, em face da carência do setor privado para arcar com o serviço.

Instado a elaborar parecer, manifeste-se, de forma devidamente fundamentada, acerca dos parâmetros da participação do Estado nas atividades que podem ser desempenhadas pelo setor privado, sob o prisma do princípio da subsidiariedade.

Contratos para gestão de rodovias

Um estado da federação possuía, em sua malha rodoviária, duas vias paralelas em precário estado de conservação: a via 1 ligava o município A, no sentido norte-sul, ao município B; a via 2, ligava o município A ao município C, ao norte, passando por B. Em dado momento, com o objetivo de propiciar melhorias no seu sistema viário sem ter o poder público que arcar com isto, a rodovia 1 foi concedida a uma empresa cuja maioria do capital social pertence a uma sociedade estrangeira. Já a rodovia 2 permaneceu sob gestão estatal.

Passados alguns anos da celebração do contrato de concessão referente à via 1, o estado federado decidiu investir na recuperação da via 2. Diante do novo quadro, em que a via 2 apresentava boas condições de manutenção e trafegabilidade (ainda que não superiores às da via 1), ocorreu uma redução no fluxo de tráfego na via 1. A concessionária recorreu, então, à agência reguladora competente, alegando que a recuperação da via 2 interferiu no equilíbrio econômico-financeiro do seu contrato. Como integrante do órgão regulador, como deve ser decidida a questão? O ente federado estaria impedido de investir na via alternativa? Tal investimento causou um desequilíbrio econômico-financeiro no contrato de concessão previamente celebrado? Caso sim, o ente federado teria a obrigação de reequilibrar o contrato?

Contratos no setor de petróleo

1. A Lei nº 12.276, de 30 de junho de 2010, que propõe a capitalização da Petrobras, autoriza a União a ceder onerosamente à estatal o direito ao exercício das atividades de pesquisa e lavra de petróleo, gás natural e outros hidrocarbonetos fluidos nas áreas do pré-sal, sem licitação. Tal projeto tem por base

o fato de a Petrobras ter descoberto tais áreas e ter, em tese, as melhores técnicas para a exploração.
2. O Projeto de Lei nº 5.938, de 2009, dispõe sobre a exploração e a produção de petróleo e gás natural sob o regime de partilha de produção em áreas do pré-sal e em áreas estratégicas. A Petrobras será a operadora de todos os blocos contratados sob tal modelo, sendo-lhe assegurada uma participação mínima de 30% no consórcio por ela constituído com o vencedor da licitação para a exploração e produção em regime de partilha de produção.

Contrato de concessão de energia elétrica

1. Hipotética fundação pública municipal, cujo objeto é a pesquisa científica de doenças e produção de soros e vacinas, encontra-se há três meses inadimplente em relação ao pagamento da tarifa do serviço de distribuição de energia elétrica. A concessionária local o procura, na qualidade de consultor, para avaliar a viabilidade jurídica da suspensão do fornecimento de energia elétrica para tal fundação e informar se a recuperação dos valores não pagos dependerá de ajuizamento de ação ordinária.
Caso você entenda pela possibilidade de suspensão do fornecimento, como deve a concessionária proceder? E como proceder em relação à empresa concessionária de transporte público metroviário, que se encontra inadimplente há mais de um ano?
2. Em determinada metrópole um grupo de vândalos invade propriedade da distribuidora concessionária local e destrói inúmeros equipamentos indispensáveis à prestação do serviço de distribuição de energia elétrica. Tendo ciência do ocorrido, a empresa interrompe o fornecimento de energia para toda a região afetada, com vistas a evitar a sobrecarga e possíveis danos ao inteiro sistema.

Devido à súbita interrupção, alguns usuários ajuízam ação pretendendo a reparação dos prejuízos que alegam ter sofrido em virtude da danificação de equipamentos necessários ao exercício de seus ofícios.

Na qualidade de julgador de tais ações, você entende que é devida a indenização por parte da concessionária?

3. A penalidade de multa expressa em um contrato de concessão pode ser majorada posteriormente por uma resolução da Agência Nacional de Energia Elétrica (Aneel)?

4. Um agente de concessão de geração ou distribuição assinou um contrato de concessão com o poder concedente. Nesse contrato há cláusula expressa prevendo a prorrogação deste instrumento, conforme disposto na legislação em vigor. Com o novo modelo do setor elétrico, o artigo de lei que previa a prorrogação foi revogado.

Pode a legislação superveniente retroagir e impedir a prorrogação garantida ao concessionário quando da assinatura do contrato?

Consórcios públicos e contratos de programa

Quatro municípios (A, B, C e D), que conformam uma aglomeração urbana constitucionalmente instituída, celebram um consórcio para que, juntos, desenvolvam um projeto comum para o tratamento industrial de resíduos sólidos coletados em suas respectivas sedes, evitando a perpetuação dos aterros sanitários. Em razão do acordo, cria-se uma empresa pública intermunicipal — ABCD Química — para promover o tratamento e a industrialização do lixo urbano, seja operando por seus próprios meios, seja por meio de contratante privada. Feita a opção pela atração da iniciativa privada sob contrato para a realização do empreendimento — em razão dos altos investimentos necessários, que ultrapassam as possibilidades financeiras dos entes consorciados —, publica-se edital de concorrência pública e seleciona-se a licitante vitoriosa: Lixoquímica S.A. Lavrando-se contrato administrativo, a contratante ABCD Química disponibilizará a área de terreno destinada à recepção do lixo urbano e à instalação da usina de beneficiamento a ser nele construída. Todos os investimentos necessários ao beneficiamento industrial dos resíduos sólidos recolhidos nas sedes dos municípios correrão por conta e risco da empresa contratada, Lixoquímica S.A. No término do prazo contratual o imóvel reverterá à empresa pública contratante, ABCD Química, devendo, todavia, os equipamentos industriais nele instalados serem por ela indenizados à contratada Lixoquímica S.A. por seu custo histórico. A ABCD Química, em razão do resultado da licitação, receberá, como remuneração, uma participação de 20% sobre a receita líquida gerada pela exploração do empreendimento, auferida mês a mês durante o prazo contratual, após um prazo de carência de um ano. Iniciadas as obras civis, uma ação civil pública impugna a contratação pelos seguintes motivos:

- na constituição da ABCD Química não foi observada a Lei Federal nº 11.107, de 6 de abril de 2005, que trata de contratação de consórcios públicos;
- o contrato administrativo firmado não está tipificado em lei federal, o que seria imprescindível, uma vez que à administração pública não cabe adotar soluções que não estejam previstas em lei, em razão do princípio da legalidade;
- não foi prevista como deveria, no edital e no contrato, a reversão das acessões industriais e benfeitorias executadas pela contratada Lixoquímica S.A. no imóvel da contratante;
- o percentual de participação não poderia ser licitado, porque deveria ser necessariamente proporcional aos aportes realizados pela empresa pública (valor do terreno) e pela empresa contratada (valor das construções e equipamentos). Aprecie a juridicidade de cada uma das impugnações.

Conclusão

Na medida em que a consciência jurídica da sociedade evolui e os cidadãos ampliam seu acesso à Justiça, seja através do Poder Judiciário ou meios alternativos de solução de conflitos, cresce a importância do estudo do direito.

O direito está permeado como um dos elementos de transformação modernizadora das sociedades tradicionais, principalmente nos países em desenvolvimento. Evidencia-se, a cada dia, que o direito administrativo não pode ser insensível ao que ocorre no sistema econômico, e que o direito tem papel relevante na organização da sociedade.

O objetivo deste livro foi o de desenvolver discussões e estudos sobre as novas parcerias entre os setores público e privado, seus contratos e diversas implicações no Estado brasileiro, de modo a se concluir com mais segurança sobre os passos necessários para o constante aperfeiçoamento do sistema jurídico nacional.

O estabelecimento de um sistema legal que funcione adequadamente é condição essencial para um bom nível de crescimento do país, seja em termos econômicos, seja em relação as suas instituições.

Nossa intenção é contribuir com o fomento a estudos específicos e aprofundados sobre o tema, tarefas que devem ser cada vez mais estimuladas no país, baseando-se na crença de que uma Justiça mais eficiente também acarretará um direito mais efetivo.

Referências

ALFONSO, Luciano Parejo. Los actos administrativos consensuales. *Revista de Direito Administrativo e Constitucional* (A & C), v. 13, p. 15, 2003.

ALMEIDA, Aline Paola Correa Braga Câmara de. Compartilhamento de riscos nas parcerias público-privadas. *Revista de Direito da Associação dos Procuradores do Novo Estado do Rio de Janeiro*, Rio Janeiro, Lumen Juris, v. XVII, 2006. (Número temático, Parcerias público-privadas, coord. Flavio Amaral Garcia).

_____. *As tarifas e as demais formas de remuneração dos serviços públicos*. Rio de Janeiro: Lumen Juris, 2009.

ÁLVARES, Walter Tolentino. *Curso de direito da energia*. Rio de Janeiro: Forense, 1978.

AMARAL, Antônio Carlos Cintra do. *Concessão de rodovias e cobrança de pedágio*. Estudos em homenagem a Geraldo Ataliba. São Paulo: Malheiros, 1997.

_____. Utilização de faixas de domínio, em rodovias concedidas, por outras concessionárias de serviço público. *Interesse Público*, São Paulo, v. 3, n. 9, p. 97-109, jan./mar. 2001.

ARAGÃO, Alexandre Santos de. O poder normativo da Agência Nacional do Petróleo — ANP. *Boletim de Direito Administrativo* — BDA, ago. 2001.

_____. *Agências reguladoras e a evolução do direito administrativo brasileiro*. Rio de Janeiro: Forense, 2002a.

_____. As agências reguladoras independentes e a separação de poderes: uma contribuição da teoria dos ordenamentos setoriais. In: *Revista Eletrônica de Direito Administrativo Econômico*, n. 13, abr./maio 2002b. Disponível em: <www.direitodoestado.com.br>. Acesso em: 30 jul. 2010.

_____. Regulação da economia: conceito e características contemporâneas. *Revista de Direito da Associação dos Procuradores do Novo Estado do Rio de Janeiro*, Rio de Janeiro, Lumen Juris, v. XI, 2002c. (Número temático, Direito da regulação, coord. Alexandre Santos de Aragão).

_____. O contrato de concessão de exploração de petróleo e gás. *Revista Eletrônica de Direito Administrativo Econômico*, n. 5, fev./mar./abr. 2006a. Disponível em: <www.rennoadv.com.br/renno/arquivos_atualizacao/File/REDAE-5-FEVEREIRO-2006-ALEXANDRE-ARAGAO.pdf>. Acesso em: 30 jul. 2010.

_____. Serviços públicos e direito do consumidor: possibilidades e limites da aplicação do CDC. In: LANDAU, Elena (Coord.). *Regulação jurídica do setor elétrico*. Rio de Janeiro: Lumen Juris: 2006b. p. 163-186.

_____. *Direito dos serviços públicos*. Rio de Janeiro: Forense, 2007.

ARAUJO, Florivaldo Dutra; MAGALHÃES, Gustavo Alexandre. Convênios e consórcios com espécies contratuais na Lei nº 11.107/2005. In: PIRES, Maria Coeli Simões; BARBOSA, Maria Elisa Braz. *Consórcios públicos*: instrumento do federalismo cooperativo. Belo Horizonte: Fórum, 2008.

ARAÚJO, Valter Shuenquener de. Terceiro setor: a experiência brasileira. In: _____. *Direito Administrativo*. Niterói: Impetus, 2005. (Série Direito em Foco).

ARIÑO ORTIZ, Gaspar. *La regulación económica*: teoria y prática de la regulación para la competencia. Buenos Aires: Ábaco de Rodolfo Depalma (Centro de Estudios sobre la Regulación Económica), 1996.

BAPTISTA, Patrícia. *Transformações do direito administrativo*. Rio de Janeiro: Renovar, 2003.

BARACHO, José Alfredo de Oliveira. *O princípio de subsidiariedade*: conceito e evolução. Rio de Janeiro: Forense, 1996.

BARROSO, Luís Roberto. Alteração dos contratos de concessão rodoviária. *Revista de Direito Público da Economia — RDPE*, ano 4, n. 15, p. 99-130, jul./set. 2006.

BLANCHET, Luiz Alberto. *Concessão e permissão de serviços públicos*. Curitiba: Juruá, 1995.

_____. *Concessão de serviços públicos*. 2. ed. Curitiba: Juruá, 1999.

BONAVIDES, Paulo. *Do Estado liberal ao Estado social*. Rio de Janeiro: Forense, 1980.

BORGES, Alice Maria Gonzalez. Concessão de serviço público para exploração de rodovia. Aspectos sociais da política tarifária. Alternativas de procedimento para sua compatibilização com a preservação do equilíbrio econômico-financeiro inicial. *Informativo de Direito Administrativo e Responsabilidade Fiscal — IDAF*, Curitiba, ano 1, n. 8, p. 712-722, mar. 2002.

_____. Os consórcios públicos na sua legislação reguladora. *Revista Eletrônica de Direito do Estado*, Salvador, Instituto de Direito Público da Bahia, n. 3, p. 2, jul./ago./set. 2005. Disponível em: <www.direitodoestado.com.br>. Acesso em: 11 set. 2007.

BUCHEB, José Alberto. *Direito do petróleo*: a regulação das atividades de exploração e produção de petróleo e gás natural no Brasil. Rio de Janeiro: Lumen Juris, 2007.

CALDAS, Geraldo Pereira. *Concessões de serviços públicos de energia elétrica*. 2. ed. Curitiba: Juruá, 2006.

CÂMARA, Alexandre Freitas. Arbitragem nos conflitos envolvendo agências reguladoras. *Revista de Direito da Associação dos Procuradores do Novo Estado do Rio de Janeiro*, Rio de Janeiro, Lumen Juris, v. XI, 2002. (Número temático, Direito da regulação, coord. Alexandre Santos de Aragão).

CARNEIRO, Luis Gustavo Pinheiro Loureiro; GOMES, Heider Augusto da Silva; MAGALHÃES, Marcos Thadeu Queiroz; YAMASHITA, Yaeko. *Proposta de metodologia para caracterização de rotas de evasão em rodovias concedidas*. Centro de Formação de Recursos Humanos de Transportes/UnB, Brasília. [s.d.]. Disponível em: <www.ceftru.unb.br/pesquisa/pesquisa/artigo_017>. Acesso em: 6 ago. 2010.

CARVALHO FILHO, Jóse dos Santos. *Consórcios públicos*. Rio de Janeiro: Lumen Juris, 2008.

COELHO, Sacha Calmon Navarro. *Comentários à Constituição de 1988*. 7. ed. Rio de Janeiro: Forense, 1998.

DI PIETRO, Maria Sylvia Zanella. *Parcerias na administração pública*. 3. ed. São Paulo: Atlas, 1999.

_____. Concessão para exploração de rodovias. Cobrança de remuneração pela ocupação de faixas de domínio por outras concessionárias de serviços públicos. In: _____ et al. *Temas polêmicos sobre licitações e contratos*. 5. ed. São Paulo: Malheiros, 2001a.

_____. *Direito administrativo*. 13. ed. São Paulo: Atlas, 2001b.

_____. O consórcio público na Lei nº 11.107, de 6.4.05. *Boletim de Direito Administrativo*, São Paulo, n. 11, 2005.

DUARTE, Fábio Marcelo de Rezende. *Aspectos jurídicos das rodovias*: tutela do uso comum, concessões rodoviárias, responsabilidade civil e outros aspectos. Rio de Janeiro: Mauad, 1997.

FERNANDES, Jorge Ulisses Jacoby. Convênios administrativos. *Informativo de Licitações e Contratos*, Curitiba, n. 99, maio 2002.

FERNÁNDEZ, Sandra Elizabeth Villegas; SLOMSKI, Valmor. Parcerias público-privadas no setor rodoviário: um estudo da concordância entre a essência do objeto contratual e a forma jurídica dos contratos no Brasil. São Paulo, [s.d.]. Disponível em: <www.anpcont.com.br/site/docs/congressoI/02/CUE205.pdf>. Acesso em: 9 ago. 2010.

FERRAZ JÚNIOR, Tércio Sampaio; MARANHÃO, Juliano Souza de Albuquerque. O princípio de eficiência e a gestão empresarial na prestação de serviços públicos: a exploração econômica das margens de rodovias. Revista de Direito Público da Economia — RDPE, Belo Horizonte, ano 5, n. 17, p. 191-209, jan./mar. 2007.

FIGUEIREDO, Luiz. Desafios da regulação do setor elétrico e a crise energética. In: SOUTO, Marcos Juruena Villela; MARSHALL, Carla C. (Coords.). Direito empresarial público. Rio de Janeiro: Lumen Juris, 2002. p. 349.

FORTINI, Cristiana. Licitação compartilhada e dispensa de licitação. In: PIRES, Maria Coeli Simões; BARBOSA, Maria Elisa Braz (Coords.). Consórcios públicos: instrumento do federalismo cooperativo. Belo Horizonte: Fórum, 2008.

FREITAS, Rafael Véras de. Aspectos jurídicos dos consórcios públicos dentro do federalismo de cooperação. JAM Jurídica, Salvador, v. XIV, p. 33, 2009.

GALDINO, Flávio. Introdução à teoria dos custos dos direitos: direitos não nascem em árvores. Rio de Janeiro: Lumen Juris, 2005.

GARCIA, Flávio Amaral. Os monopólios naturais e sua regulação. In: SOUTO, Marcos Juruena Villela; MARSHAL, Carla C. (Coords.). Direito empresarial público. Rio de Janeiro: Lumen Juris, 2002. p. 285-296.

_____. Regulação jurídica das rodovias concedidas. Rio de Janeiro: Lumen Juris, 2004.

_____. Licitações e contratos administrativos: casos e polêmicas. Rio de Janeiro: Lumen Juris, 2009.

GOMES, Marcos Correia. Os consórcios públicos na Lei Federal nº 11.107/05. *Boletim de Direito Administrativo* — BDA, São Paulo, dez. 2005.

GONÇALVES, Vania Mara Nascimento. *Estado, sociedade civil e princípio da subsidiariedade na era da globalização.* Rio de Janeiro: Renovar, 2003.

GRAU, Eros Roberto. Uso do subsolo de faixas de domínio de rodovias e vias públicas por empresas concessionárias de serviços públicos — servidão administrativa, direito restritivo de passagem e preço. Falsa privatização de serviço público. *Revista Trimestral de Direito Público*, São Paulo, v. 27, p. 75-88, jul./set. 1999.

_____. *A ordem econômica na Constituição de 1988*. 11. ed. São Paulo: Malheiros, 2006.

HARGER, Marcelo. *Consórcios públicos na Lei nº 11.107/2005*. Belo Horizonte: Fórum, 2007.

JOBIM, Nelson. Aspectos jurídicos da abertura do mercado de petróleo. In: RIBEIRO, Marilda Rosado de Sá (Org.). *Estudos e pareceres:* direito do petróleo e gás. Rio de Janeiro: Renovar, 2005.

JUSTEN FILHO, Marçal. *Concessões de serviços públicos.* São Paulo: Dialética, 1997.

_____. *Teoria geral das concessões de serviços públicos.* São Paulo: Dialética, 2003.

_____. *Curso de direito administrativo.* São Paulo: Saraiva, 2005.

_____. Novos sujeitos na administração pública: os consórcios públicos criados pela Lei nº 11.107. In: SOUTO, Marcos Juruena Villela; OSÓRIO, Fábio Medina (Coords.). *Direito administrativo.* Estudos em homenagem a Diogo de Figueiredo Moreira Neto. Rio de Janeiro: Lumen Juris, 2006.

_____. Parecer elaborado sobre a proposta legislativa de criação de consórcios públicos. *Revista Eletrônica de Direito do Estado*, Salvador,

n. 3, jul./ago./set. 2005. Disponível em: <www.direitodoestado.com. br>. Acesso em: 20 out. 2007.

LANDAU, Elena. Concessões de Energia Elétrica: prorrogar ou licitar? In: SOUTO, Marcos Juruena Villela (Coord.). *Direito administrativo*. Estudos em homenagem a Francisco Mauro Dias. Rio de Janeiro: Lumen Juris, 2009. p. 467-481.

_____; SAMPAIO, Patrícia. O setor elétrico em uma visão introdutória. In: LANDAU, Elena (Coord.). *Regulação jurídica do setor elétrico*. Rio de Janeiro: Lumen Juris, 2006. p. 1-26.

LEITE, Fabrício do Rozário Valle Dantas. As participações governamentais na indústria do petróleo sob a perspectiva do Estado-membro: importância econômica, natureza jurídica e possibilidade de fiscalização direta. *Revista da Procuradoria-Geral do Estado*, Rio de Janeiro, n. 64, 2009.

LIMA, Ricardo Gobbi. Comercialização de energia: alguns conceitos e princípios. In: LANDAU, Elena (Coord.). *Regulação jurídica do setor elétrico*. Rio de Janeiro: Lumen Juris, 2006. p. 365-376.

LUSTOSA, Isabel. Valor normativo e *self-dealing*: efeitos de sua adoção e consequências de sua extinção. In: LANDAU, Elena (Coord.). *Regulação jurídica do setor elétrico*. Rio de Janeiro: Lumen Juris: 2006. p. 481-496.

MARQUES NETO, Floriano de Azevedo. Algumas notas sobre a concessão de rodovias. *Boletim de Direito Administrativo — BDA*, São Paulo, n. 4, abr. 2001a.

_____. Publicidade em faixas de domínio de rodovias: inconstitucionalidade na Lei Estadual Paulista nº 8.900/94. *Boletim de Direito Administrativo*, São Paulo, ano 17, n. 10, p. 769-775, out. 2001b.

_____. Os consórcios públicos. In: *Revista Eletrônica de Direito do Estado*, Salvador, n. 3, jul./ago./set. 2005. Disponível em: <www.direitodoestado.com.br>. Acesso em: 11 set. 2007.

MASTROBUONO, Cristina M. Wagner. Agências reguladoras e agências executivas. *Advocacia Pública*, ano VIII, v. 13, mar. 2001.

MEDAUAR, Odete. *Direito administrativo moderno*. 5. ed. São Paulo: Revista dos Tribunais, 2001.

_____; OLIVEIRA, Gustavo Justino de. *Consórcios públicos*: comentários à Lei nº 11.107/2005. São Paulo: Revista dos Tribunais, 2002.

MEIRELLES, Hely Lopes. *Direito administrativo brasileiro*. 18. ed. São Paulo: Malheiros, 1993a.

_____. *Direito municipal brasileiro*. 6. ed. São Paulo: Malheiros, 1993b.

_____. *Direito administrativo brasileiro*. 23. ed. São Paulo: Malheiros, 1998.

MELLO, Celso Antônio Bandeira de. Natureza jurídica do pedágio: taxa ou preço? *Revista Trimestral de Direito Público*, São Paulo, n. 32, p. 21-26, out./dez. 2000.

_____. Utilização da faixa de domínio de rodovia mediante passagem subterrânea de cabos ou dutos: possibilidade de cobrança. *Revista Trimestral de Direito Público*. São Paulo, v. 31, p. 90-96, jul./set. 2002.

MELLO, Vanessa Vieira de. *Regime jurídico da competência regulamentar*. São Paulo: Dialética, 2001.

MENEZELLO, Maria D'Assunção Costa. *Comentários à Lei do Petróleo*: lei federal nº 9.478, de 6-8-1997. São Paulo: Atlas, 2000.

MODESTO, Paulo. Reforma do Estado, formas de prestação de serviços ao público e parcerias público-privadas: demarcando as fronteiras dos conceitos de serviço público, serviços de relevância pública e serviços de exploração econômica para as parcerias público-privadas. *Revista Eletrônica de Direito Administrativo Econômico*, Salvador, n. 2, maio/jun./jul. 2005. Disponível em: <www.direitodoestado.com.br>. Acesso em: 15 nov. 2007.

MOREIRA, Egon Bockmann. *Direito das concessões de serviços públicos:* a inteligência da parte geral da Lei 8.987/1995. Curitiba: Edição do autor, 2010.

MOREIRA NETO, Diogo de Figueiredo. *Mutações do direito público.* Rio de Janeiro: Renovar, 2006.

_____. *Mutações de direito administrativo.* 3. ed. Rio de Janeiro: Renovar, 2007.

_____. *Quatro paradigmas do direito administrativo pós-moderno.* Belo Horizonte: Fórum, 2008.

_____. *Curso de direito administrativo.* 15. ed. Rio de Janeiro: Forense, 2009.

MOTTA, Amílcar. Contratos administrativos e convênios: conceituação e distinção. Outros atos de natureza convencional. Parecer nº 36/83-AM. *Revista de Direito da Procuradoria-Geral do Estado do Rio de Janeiro,* v. 37, 1985.

MUKAI, Toshio. *Concessões, permissões e privatizações de serviços públicos.* 5. ed. São Paulo: Saraiva, 2007.

NESTER, Alexandre Wagner. A inserção do regime concorrencial nos serviços públicos. In: ARAGÃO, Alexandre Santos de; MARQUES NETO, Floriano de Azevedo (Coords.). *Direito administrativo e seus novos paradigmas.* Belo Horizonte: Fórum, 2008. p. 441-467.

OLIVEIRA, Daniel Almeida de. O novo marco regulatório das atividades de exploração e produção de petróleo e gás natural no Brasil. *Jus Navigandi,* jan. 2010. Disponível em: <http://jus2.uol.com.br/doutrina/texto.asp?id-14243>.

OLIVEIRA, Gustavo Justino. *O contrato de gestão na administração pública brasileira.* Tese (Doutorado em Direito do Estado) — Universidade de São Paulo, São Paulo, 2005.

OLIVEIRA, Rafael Carvalho Rezende de. Parceria público-privada e direito ao desenvolvimento: uma abordagem necessária. *Revista Eletrô-*

nica de Direito Administrativo Econômico, Salvador, n. 3, ago./set./out. 2005. Disponível em: <www.direitodoestado.com.br>. Acesso em: 15 nov. 2007.

_____. Os consórcios públicos da Lei nº 11.107/2005 e suas polêmicas: crônica de uma morte anunciada?. In: SOUTO, Marcos Juruena Villela (Coord.). *Direito administrativo*. Estudos em homenagem a Francisco Mauro Dias. Rio de Janeiro: Lumen Juris, 2009.

PACHECO, Adriane Cristina Spicciati. A contratação da compra e venda de energia elétrica pelas concessionárias de distribuição. In: LANDAU, Elena (Coord.). *Regulação jurídica do setor elétrico*. Rio de Janeiro: Lumen Juris, 2006. p. 385.

PEREIRA, Edgard Antonio. Regulação e mercado. In: LANDAU, Elena (Coord.). *Regulação jurídica do setor elétrico*. Rio de Janeiro: Lumen Juris, 2006. p. 147-162.

PEREIRA JÚNIOR, Jessé Torres. *Comentários à Lei de Licitações e Contratações da Administração Pública*. 6. ed. Rio de Janeiro: Renovar, 2003.

PEREZ, Marcos Augusto. *O risco no contrato de concessão de serviço público*. Belo Horizonte: Fórum, 2006.

PINTO, César de Barros. A indústria de transmissão da energia elétrica. Desenvolvimento, aspectos regulatórios e desafios. *Revista do Direito de Energia*, ano V, n. 8, dez. 2008.

REALE, Miguel. *Parecer 28/2007*. Tribunal de Contas do Estado do Rio Grande do Sul, Porto Alegre, 2007. Disponível em: <www.tce.rs.gov.br/Pareceres_ASC/Pareceres_de_2007/pdf/28_07.pdf>. Acesso em: ago. 2010.

REBELLO, Ana Claudia Gonçalves. Perdas de energia: impactos no equilíbrio do setor elétrico brasileiro. In: LANDAU, Elena (Coord.). *Regulação jurídica do setor elétrico*. Rio de Janeiro: Lumen Juris, 2006. p. 497-522.

REIS, José Carlos Vasconcellos de. As concessões de exploração de petróleo no direito brasileiro: algumas reflexões sobre as perspectivas do pré-sal. In: SOUTO, Marcos Juruena Villela (Coord.). *Direito administrativo:* estudos em homenagem a Francisco Mauro Dias. Rio de Janeiro: Lumen Juris, 2009.

RENNÓ, Marília; SAMPAIO, Patrícia. Transmissão de energia elétrica: apresentação do modelo brasileiro. In: LANDAU, Elena (Coord.). *Regulação jurídica do setor elétrico.* Rio de Janeiro: Lumen Juris, 2006. p. 301-326.

RIBEIRO, Marilda Rosado de Sá. *Direito do petróleo:* as *joint ventures* na indústria do petróleo. 2. ed. Rio de Janeiro: Renovar, 2003.

_____. (Org.). *Novos rumos do direito do petróleo.* Rio de Janeiro: Renovar, 2009.

RIBEIRO, Solange; FALCÃO, Maria Isabel. O modelo tarifário brasileiro. In: LANDAU, Elena (Coord.). *Regulação jurídica do setor elétrico.* Rio de Janeiro: Lumen Juris, 2006. p. 287-300.

ROCHA, Carmen Lúcia Antunes da. *Estudos sobre concessão e permissão de serviço público no direito brasileiro.* São Paulo: Saraiva, 1996.

ROCHA, Fábio Amorim da. *A legalidade da suspensão do fornecimento de energia elétrica aos consumidores inadimplentes.* Rio de Janeiro: Lumen Juris, 2004.

ROLIM, Maria João. Tributação e financiamento de obrigações públicas no setor elétrico. In: LANDAU, Elena (Coord.). *Regulação jurídica do setor elétrico.* Rio de Janeiro: Lumen Juris, 2006. p. 389-415.

SILVA, José Afonso da. *Curso de direito constitucional.* 22. ed. São Paulo: Malheiros, 2003.

SIMÃO, José Fernando. Responsabilidade civil das concessionárias de energia elétrica por danos ao consumidor: conflito de normas. In: LANDAU, Elena (Coord.). *Regulação jurídica do setor elétrico.* Rio de Janeiro: Lumen Juris, 2006. p. 467-480.

SOUTO, Marcos Juruena Villela. *Direito administrativo regulatório*. Rio de Janeiro: Lumen Juris, 2002.

_____. *Direito administrativo da economia*. Rio de Janeiro: Lumen Juris, 2003.

_____. Agências reguladoras. In: _____. *Direito administrativo em debate*. Rio de Janeiro: Lumen Juris, 2004a.

_____. *Direito administrativo das concessões*. 5. ed. Rio de Janeiro: Lumen Juris, 2004b.

_____. *Direito administrativo contratual*. Rio de Janeiro: Lumen Juris, 2004c.

_____. *Direito administrativo em debate*. Rio de Janeiro: Lumen Juris, 2004d.

_____. *Direito administrativo das parcerias*. Rio de Janeiro: Lumen Juris, 2005a.

_____. *Direito administrativo regulatório*. 2. ed. Rio de Janeiro: Lumen Juris, 2005b.

_____. Breve apresentação do novo marco regulatório do setor elétrico brasileiro. In: LANDAU, Elena (Coord.). *Regulação jurídica do setor elétrico*. Rio de Janeiro: Lumen Juris, 2006a. p. 235-260.

_____. *Direito administrativo empresarial*. Rio de Janeiro: Lumen Juris, 2006b.

_____. Propostas legislativas de novo marco regulatório do pré-sal. *Revista de Direito Público na Economia*, v. 29, p. 111-150, 2010. Disponível em: <www.juruena.adv.br/artigos.html>. Acesso em 10 ago. 2010.

_____. Prorrogação de concessões no setor elétrico e licitação. Rio de Janeiro, [s.d.]. Disponível em: <www.juruena.adv.br/artigos.html>. Acesso em: 10 ago. 2010.

SOUZA, Franderlan Ferreira. Breves considerações acerca dos consórcios públicos instituídos pela Lei nº 11.107/2005: oportunidades e desafios deste instrumento de cooperação federativa. *Revista Brasileira de Direito Público*, Belo Horizonte, v. 29, p. 69, abr./jun. 2010.

SUNDFELD, Carlos Ari. Regime jurídico do setor petrolífero. In: _____. *Direito administrativo econômico*. São Paulo: Malheiros, 2000.

_____. Utilização remunerada do espaço público pelas concessionárias de serviços. *Revista de Direito Municipal*. Belo Horizonte, ano 4, n. 7, jan./mar. 2003.

TORRES, Silvia Faber. *O princípio da subsidiariedade no direito público contemporâneo*. Rio de Janeiro: Renovar, 2001.

_____. Federalismo e subsidiariedade. *Revista de Direito da Associação dos Procuradores do Novo Estado do Rio de Janeiro*, Rio de Janeiro, Lumen Juris, v. XIX, 2008. (Número especial, Federalismo, coord. Cristiano Franco Martins).

VALDEZ, Oscar Aguillar. El acto administrativo regulatorio. In: _____. *Acto administrativo y reglamento*. Buenos Aires: Ediciones RAP, 2002. p. 457.

VELLOSO, Antonio Carlos et al. Tarifas públicas de energia elétrica e o judiciário. *Revista do Direito de Energia*, ano VI, n. 9, p. 103-155, set. 2009.

WILLEMAN, Flávio de Araújo; MARTINS, Fernando Barbalho. *Direito*. Rio de Janeiro: Lumen Juris, 2009. v. 6. (Coleção Tópicos de Direito).

Os organizadores

Joaquim Falcão

Doutor em educação pela Université de Génève. *Master of laws* (LL.M) pela Harvard University. Bacharel em direito pela Pontifícia Universidade Católica do Rio de Janeiro (PUC-Rio). Diretor da Escola de Direito do Rio de Janeiro da Fundação Getulio Vargas (FGV Direito Rio).

Sérgio Guerra

Doutor em direito econômico pela Universidade Gama Filho (UGF). Mestre em direito pela Universidade Candido Mendes (Ucam). Cursou o First Latin American Corporate Counsel Institute, pela Northwestern School of Law. Pós-graduado em direito ambiental e processo civil pela Universidade Estácio de Sá (Unesa) e em direito da economia e empresa pela FGV. Vice-diretor de pós-graduação da FGV Direito Rio.

Rafael Almeida

Master of laws (LL.M) em *international business law* pela London School of Economics and Political Science (LSE). Mestre em regulação e concorrência pela Ucam. Formado pela Escola de Magistratura do Estado do Rio de Janeiro. Bacharel em direito pela Universidade Federal do Rio de Janeiro (UFRJ) e em economia pela Ucam. Coordenador dos cursos de pós-graduação da FGV Direito Rio.

Rodrigo Vianna

Master of laws (LL.M) em *alternative dispute resolution* pela Kingston University London. Bacharel em direito pela PUC-Rio. Coordenador de comunicação e dos cursos de pós-graduação da FGV Direito Rio.

Os colaboradores

Alexandre Santos de Aragão

Mestre em direito do Estado pela Universidade do Estado do Rio de Janeiro e doutor em direito do Estado pela Universidade de São Paulo. Professor adjunto da Universidade do Estado do Rio de Janeiro, professor assistente da Universidade Cândido Mendes, professor visitante do Instituto de Economia da Universidade Federal do Rio de Janeiro e professor convidado da pós-graduação de direito da Fundação Getulio Vargas. Procurador da Procuradoria-Geral do Estado do Rio de Janeiro.

André Martins Bogossian

Acadêmico de direito pela Faculdade de Direito da UFRJ. Estagiário da Procuradoria-Geral do Estado do Rio de Janeiro.

Daniel Cortez de Souza Pereira

Pós-graduado pela Escola da Magistratura do Estado do Rio de Janeiro. Assessor jurídico do Instituto Estadual do Ambiente, no qual atua como coordenador de direito administrativo.

Fábio Amorim da Rocha

Possui MBA em direito empresarial pela Fundação Getulio Vargas e pós-gradução em direito de energia pela Universidade Candido Mendes. Presidente da Comissão de Energia Elétrica da OAB/RJ. Integrante do Comitê Jurídico da ABCE. Colaborador nos comitês Jurídico e Regulatório da Abradee. Membro fundador do IBDE. Professor da pós-graduação da Fundação Getulio Vargas e da Universidade Candido Mendes. Superintendente jurídico da Light Serviços de Eletricidade S.A.

Flávio Amaral Garcia

Mestre em direito empresarial pela Universidade Candido Mendes. Professor de pós-graduação da Fundação Getulio Vargas, da Universidade Candido Mendes e da Escola Superior de Advocacia Pública (Esap). Procurador do estado do Rio de Janeiro. Sócio do Escritório Juruena & Associados Advogados.

Leonardo Coelho Ribeiro

Pós-graduando em direito empresarial (LL.M. Litigation: novos desafios dos contenciosos) pela FGV Direito Rio. Sócio do Escritório Juruena & Associados — Advogados. Pesquisador da pós-graduação da Escola de Direito da FGV Direito Rio. Consultor jurídico externo do Instituto Brasileiro de Administração Municipal (Ibam). Membro do Instituto de Direito Administrativo do Estado do Rio de Janeiro (Idaerj).

Lívia de Almeida Carvalho

Mestre em propriedade intelectual pelo Inpi. Colaboradora da Coordenação de Publicações e pesquisadora da FGV Direito Rio. Advogada

Marcos Juruena Villela Souto

Doutor em direito econômico e sociedade pela Universidade Gama Filho. Professor visitante da Université de Poitiers (França). Professor do Mestrado em Direito da Universidade Cândido Mendes/RJ e da Universidade Gama Filho. Presidente da Comissão de Direito Administrativo do IAB. Membro do Instituto de Direito Administrativo do Estado do Rio de Janeiro (Idaerj). Procurador do estado do Rio de Janeiro. Sócio do Escritório Juruena & Associados — Advogados.

Rafael Carvalho Rezende Oliveira

Mestre em teoria do Estado e direito constitucional pela PUC-Rio. Especialista em direito do Estado pela Uerj. Membro do Instituto de Direito Administrativo do Estado do Rio de Janeiro (Idaerj). Professor de direito administrativo da Emerj, do Curso Fórum e dos cursos de pós-graduação da FGV e da Universidade Candido Mendes. Procurador do município do Rio de Janeiro. Consultor jurídico.

Rafael Véras de Freitas

Pós-graduando em direito do Estado e da regulação pela Escola de Direito da Fundação Getulio Vargas. Especialista em direito administrativo empresarial pela Universidade Candido Mendes (Ucam). Pesquisador da Fundação Getulio Vargas. Membro do Instituto de Direito Administrativo do Estado do Rio de Janeiro (Idaerj). Sócio do Escritório Juruena & Associados — Advogados.

Thaís Teixeira Mesquita

Graduada em letras, com habilitação em português e literaturas de língua portuguesa pela Universidade do Estado do Rio de Janeiro. Pós-graduanda em língua portuguesa no Liceu Literário Português. Atua como revisora do material didático dos cursos de extensão e especialização da Escola de Direito da Fundação Getulio Vargas. Também atua como professora, lecionando língua portuguesa e literatura nos ensinos fundamental e médio.

Thiago Bittencourt Alves Rosadas

Acadêmico de direito pela Faculdade de Direito da UFRJ. Estagiário da Procuradoria-Geral do Estado do Rio de Janeiro.